Na Cobertura de RUBEMBRAGA

CB020369

Na Cobertura de

José Castello

RubemBraga

3ª edição

JOSÉ OLYMPIO
EDITORA

@ *José Castello, 1996*

Reservam-se os direitos desta edição à
EDITORA JOSÉ OLYMPIO LTDA.
Rua Argentina, 171 - 3º andar - São Cristóvão
20921-380 - Rio de Janeiro, RJ — República Federativa do Brasil
Printed in Brazil / Impresso no Brasil

Atendimento e venda direta ao leitor:
mdireto@record.com.br
Tel.: (21) 2585-2002

ISBN 978-85-03-00595-1

Capa e projeto gráfico: VICTOR BURTON E ADRIANA MORENO
(na capa, foto do acervo de Joel Silveira)
Designer Assistente: MIRIAM LERNER
Fotos: DULCE HELFER (Na cobertura)
AGÊNCIA ESTADO (Os amigos)

Texto revisado segundo o novo Acordo Ortográfico da Língua Portuguesa

CIP-Brasil. Catalogação na fonte
Sindicato Nacional dos Editores de Livros, RJ

C344n 3ª ed.	Castello, José Na cobertura de Rubem Braga / José Castello — 3ª ed. — Rio de Janeiro: José Olympio, 2013.
	1. Braga, Rubem, 1913-1990. 2. Escritores brasileiros - Século XX - Biografia. I. Título.
13-0964	CDD 928.699 CDU 92 (Braga, R.)

Agradecimentos

Registro aqui minha gratidão àqueles que, com depoimentos, sugestões variadas, a cessão de manuscritos, correspondências ou documentos, e empenho pessoal tornaram-se peças fundamentais para a realização deste livro: Ana Maria Machado, Antonio Callado, Armando Nogueira, Cláudio Mello e Souza, Danilo Gomes, Edvaldo Pacote, Humberto Werneck, João Cabral de Melo Neto, Joel Silveira, Lila Boscoli, Mauritônio Meira, Millôr Fernandes, Paulo Bertazzi, Roberto Braga, Silvio Barsetti e Walmir Ribeiro de Oliveira. E, ainda, *in memoriam*, a Márcio Viana, Otto Lara Resende e Paulo Mendes Campos.

A Agência Estado, do jornal *O Estado de S. Paulo* — através de Aluizio Maranhão, Evaldo Mocarzel, Mônica Maia, Vanessa Spada, Magaly Gonzales e Cláudio Perez —, abriu seus arquivos à pesquisa e cedeu fotos. A fotógrafa Dulce Helfer franqueou trabalhos de seu acervo.

Sumário

Uma entrevista sincera

Quando Rubem Braga morreu, no dia 19 de dezembro de 1990, aos 77 anos, a parte mais importante de sua vida sobreviveu guardada nas mais de 15 mil crônicas que ele escreveu em 62 anos de atividade jornalística. Escritores raramente nos legam confissões tão transparentes. Comecei a trabalhar em *Na cobertura de Rubem Braga* quatro anos após sua morte. Também já estavam mortos muitos de seus amigos mais íntimos, que seriam meus informantes mais confiáveis, como Otto Lara Resende, Paulo Mendes Campos, Vinicius de Moraes. Outros, movidos sabe-se lá por que ressentimentos, simplesmente se recusaram a me receber. Entregaram-se, assim, à fobia da memória. Não havia também biografias de Rubem Braga publicadas. Restava-me a quase absoluta solidão.

Tomei então uma decisão: resolvi usar as crônicas como se fossem uma longa e sincera entrevista particular que Braga tivesse me concedido antes de morrer. Há uma ambiguidade nessa escolha. De um lado, muitas vezes simplesmente repiso, com o peso de meu próprio passo oscilante, as palavras firmes e as memórias de Rubem Braga, na esperança de, assim, poder me tornar seu retratista. Tenho, em contrapartida, a vantagem ímpar de poder lidar com as palavras de meu próprio biografado. E a mais absoluta liberdade, já que essas palavras vêm sempre entremeadas pela força desestabilizadora do lirismo e da fantasia.

A maior parte dos relatos deste livro não tem a pretensão de ser uma reconstituição fiel dos fatos, mas apenas sua evocação. A maioria absoluta das descrições e dos diálogos deve ser lida, apenas, como uma recriação. Também essa lição, com humildade, aprendi lendo Rubem Braga. A crônica foi, para ele, é verdade, um gênero eminentemente confessional, e os fatos, nada mais que os fatos, sua matéria-prima. Mas, ao ler seus escritos, logo se percebe que essas toneladas de acontecimentos estão cimentadas pela força do lirismo e de vasta imaginação, ou simplesmente desmoronariam. Em outras palavras: sem a capacidade de sonhar, os fatos não subsistem e se tornam pó. Só a mentira bem dita é capaz de moldar a verdade perdida.

Este livro não pretende ser uma biografia clássica de Rubem Braga, mas apenas um retrato minimalista de um dos maiores escritores que o Brasil já teve. Mais que os fatos, me interessam as atmosferas com que Braga trabalhou, e a elas só chegamos com boa dose de desprendimento. Ao fim da leitura haverá ainda, por certo, uma grande biografia de Rubem Braga a ser escrita. Não serei eu o seu autor. Mas o retrato íntimo, a fotografia em perspectiva traçada pela visão de um homem apaixonado por sua obra, ainda que sequer o tenha conhecido pessoalmente, terá servido — eu espero — se não para fotografá-lo, ao menos para não deixá-lo escapar.

Braga nos ensinou, também, que vidas não são feitas apenas de fatos, mas sobretudo do modo como nós os torneamos. Mais que como biógrafo, decidi agir aqui como pintor, homem que escraviza os fatos aos matizes, às perspectivas, aos meios-tons, às luzes do particular, e os submete ao traçado imperioso das atmosferas e da intuição. Não basta viver, é preciso dar sentido ao viver, ou tudo se evapora.

A forma de dicionário também não é acidental. Cheguei a ela depois de muita reflexão não apenas sobre este trabalho, mas a respeito de dois livros anteriores que escrevi sobre Vinicius de Moraes e João Cabral de Melo Neto. Como leitor, o que sempre me perturbou e me perturba nas biografias é o tom peremptório, definitivo, com que os biógrafos são obrigados a amordaçar suas vítimas. Eu mesmo já agi assim. Embaraça-me também o modo impotente com que nós, leitores de biografias, somos obrigados a aceitar a nitidez ofuscante desses relatos.

A forma livre de um dicionário não só dá a cada um a possibilidade de ler este livro como bem entender — saltando verbetes, limitando-se apenas àqueles de seu interesse no momento, ou montando-os como peças de um quebra-cabeça — como, espero, o leitor estará mais livre para traçar, em seu próprio proveito, a imagem de Rubem Braga que lhe parecer mais adequada.

Também nesse ponto, creio, eu teria seu apoio. Um poeta como W. B. Yeats já mostrou que não temos uma biografia, mas biografias. Na posição de retratista, e até de falso dicionarista, espero deixar os leitores mais livres para suas próprias composições. E, quem sabe, até os estimulo a, como mostrou o velho Braga, permitir que os fatos, sejam eles o que forem, apenas latejem, sem que desejemos entender o que eles nos querem dizer. Até porque, provavelmente, a maior parte dos fatos não quer dizer absolutamente nada. Braga mostrou que, muitas vezes, o melhor da vida está em um atributo banal: ela apenas é.

O AUTOR

O Urso no convés

A rede balança diante da noite. A folha de um manuscrito voa sobre o tapete de grama japonesa, envolta em uma dança sem sentido. O imenso Urso, enrolado em sua rede de palha, ressona. Um último beija-flor ainda circula diante de um mimo-de-vênus, sua iguaria predileta, com flores amplas que lhe servem de plataforma para mergulhos na escuridão. A planta é um presente do indigenista Augusto Ruski, um frequentador discreto do jardim suspenso. Há uma imensa palmeira, onde os sabiás pousam para cantar antes das cinco da manhã, se antecipando ao despertar dos gatos. Uma mangueira, cheia de carlotinhas, descansa dos sanhaços que, durante o dia, não a deixam em paz.

Numa das margens do terraço está a Árvore do Fruto Proibido. Trata-se de goiabeira, verde, altiva, repleta de goiabas vermelhas, que jamais podem ser provadas, porque o proprietário as destinou aos pássaros da tarde, que visitam seu jardim movidos pela fome mais aguda: a do fim do dia. Nessas horas, ele se instala em um banco de madeira, saca do binóculo embaçado e, respirando com delicadeza, se põe a vigiar à distância o banquete dos passarinhos. Ergueu, nesse chão, o seu pequeno éden e agora, como um deus delicado e bonachão, não quer mais interferir no mundo que criou. Deus se torna, então, um par de olhos que vigia em silêncio.

Em outro canto, se ergue a Menor Mangueira do Mundo, como ele a batizou, árvore estranha que um amigo, fazendeiro no Havaí, trouxe certa tarde no bojo de um engradado. O Urso atribui a essa árvore poderes extraordinários. Temendo seus fluidos secretos, submete-se à viscosidade do mundo e evita tocá-la sem necessidade. Jabuticabas, romãs, carambolas, araçás, amoras, pitangas e cajus flutuam na névoa da noite, sustentados por pequenos fios verdes, ramos entrelaçados em folhas delicadas, que cobrem a escuridão com seu rendado vegetal. A brisa marinha sacode os caules finos e as folhas escuras. A rede, então, ressona.

Agora, faz um breve movimento. Aquieta-se. Vira-se mais uma vez. Podemos ver nosso personagem como um imenso animal deitado, a ronronar sua preguiça — um Urso Deitado, denominação que lhe confere uma justa aura senhorial. Arriscamo-nos, aqui, a adotá-la. A imagem de um urso nos serve para definir um temperamento e sublinhar uma visão de mundo. É estranha, talvez perigosa, mas por que desprezá-la? Outras folhas manuscritas, imantadas pelo vento, rodopiam a seus pés, formando um pequeno rodamoinho de letras, embaralhadas e zonzas, que parecem sugar a noite para dentro de casa. O Urso estica um dos braços, ainda de olhos fechados, mas não pode alcançá-las. Aquieta-se. O vento sudoeste, que surge ao largo das ilhas Cagarras — marca do sul perfeito —, às vezes entra pela cobertura à velocidade de 100 km/h. A essa hora, por volta das nove da noite, porém, ele chega em ritmo suave e se limita a alisar as plantas com seu bafo de oceano.

O jardim é circular — na verdade, é quadrado. No lado leste, há uma mangueira carregada de pássaros, na mira do velho banco de madeira, agora vazio. No lado oposto, em um outro banco verde, o Urso se posta no fim da tarde para assistir ao mergulho do sol poente no mar grosso e ao nascimento das luzes da cidade. Já sentado em sua rede, mas ainda ausente, ele toma lentamente ares de fazendeiro. Um "fazendeiro do ar", para usar a expressão cunhada por seu amigo, o cronista Paulo Mendes Campos. A fazenda se localiza na rua Barão da Torre, número 42, atrás da praça General Osório, postada no décimo terceiro andar do edifício Barão de Gravatá, no Rio. A varanda de frente dá para o oceano Atlântico. Lá está o arquipélago das Cagarras, com suas quatro ilhas: Cagarra, Laje da Cagarra, Palmas e Comprida. Além, mais três ilhas solitárias: a Redonda, a Laje Redonda e a Filhote. O Urso conhece seus nomes e suas silhuetas de cor.

Rubem Braga — esse é o nome civil do imenso e doce Urso que começamos a retratar — costuma vasculhar o oceano azul com uma velha luneta e, nessas horas, o amigo Paulo o vê como um lobo do mar aposentado, tal qual o personagem de Joseph Conrad. Vinicius de Moraes, outro amigo fiel, também prefere a imagem do lobo. Mas, diante desse homem pesado e grandalhão, a ideia de um urso parece inevitável. Agora mesmo, podemos vê-lo a arrastar seu corpo peludo diante da noite, a cabeça pendendo de leve para a frente, vastos bocejos a entoar sua preguiça. As costas de seu navio suspenso, se preferirmos ver as coisas assim, dão para a favela. Se olha para a direita, o fazendeiro pode ver edifícios cravejados de luzes, emitidas pelas luminárias de consultórios médicos e clarões ameaçadores que escorrem dos focos dos dentistas. Se prefere olhar para a esquerda, com ajuda da luneta, poderá ter a sensação de que vê o amigo Millôr Fernandes trabalhando em seu estúdio, localizado em um prédio próximo. A cidade está sob controle. Podemos pensar, então, em um jardim de popa, um desses terraços que, nos grandes navios, antecipa as acomodações do comandante. Braga, ali, é um comandante do ar.

A margem norte do jardim tem como paisagem o mar azul, a essa hora negro. Quando o Urso se ergue de sua rede, depois de muito resistir, é o oceano, e não mais a terra firme, que lhe aparece ao alcance da vista. O jardim se assemelha, então, a um navio de concreto, guiado por um Noé que, em lugar dos animais, tivesse preferido a grandeza silenciosa das plantas; e que, distraído, estacionou sua arca sobre um prédio de apartamentos em Ipanema. De sua rede, ele controla os quatro cantos da cobertura, como se estivesse no topo de um farol. Balança para a frente e para trás, ritmadamente, enquanto come jabuticabas e cajus. Folheia um livro. Depois, em um caderno escolar, rascunha alguma coisa. Levanta a vista e vigia o mar aberto.

Com o passar dos anos, conforme os edifícios se erguem em torno de seu jardim, ele se inquieta. Teme que a cidade, com suas bocas de concreto, trague seu paraíso. Mas a natureza também o ameaça. Coqueiros, repletos de frutos, são podados todo mês para que não atraiam a insanidade dos raios. A cobertura está na mira de todas as tempestades. O Urso, ao ouvir um trovão, em vez de olhar para os céus como todos fazemos, olha para a frente. Tem o infinito bem diante de si, como um cachorro de estimação, dócil e confiável, acossado por pulgas estelares. Mas os raios, com seus estrondos, o deixam de cabelos em pé. Os cabelos grisalhos de Rubem Braga se contorcem então como serpentes amestradas, movidas pelo assovio do vento marinho. As sobrancelhas se enroscam sobre os olhos, como trançados de proteção, ou óculos erguidos de um aviador displicente. O Urso tem a camisa semiaberta, e os pelos cinzentos, quase brancos, se estufam em arabescos. Ele se espreguiça, fecha os olhos mais um pouco para fazer uma breve faxina dentro de si mesmo — o sono, como diz um jovem escritor, costuma descabelar a alma — e se põe a caminhar.

Aqui, a seus pés, no terreno em que as folhas manuscritas rodopiam e saltam, estão as flores. Nas fronteiras leste e oeste do terraço, o pomar com seus frutos. Na margem sul, a horta — e diante dela, negra e ressecada, a favela imensa, imagem que o Urso cultiva como a de um antijardim. Não há esperança capaz de regar aquelas casas de madeira que tremem ao vento, monstros miseráveis com suas antenas de tevê, frágeis e sumárias, espetadas na cabeça. Uma grade de hastes de ferro, coberta de bungavílias, estabelece um limite imaginário entre o Urso e sua mata, de um lado, e a selva urbana, encarnada naqueles casebres fétidos, naquela parede de alvenaria e papelão, que se ergue como uma muralha e a partir da qual a natureza acaba, e começa a insanidade do homem. Ele vasculha a favela com um olhar perdido, pensa nos políticos fazedores de promessas, nas grandes mentiras da ideologia e se enoja.

O Urso se espreguiça, ruminando ainda um resto de sono, enquanto caminha pelo jardim suspenso. Ele passeia orgulhoso entre as plantas, regador na mão e pose de jardineiro. Apesar dos pelos e do porte pesadão, o Urso tem mãos delicadas, revestidas por pele de moça. É, também, atento e sensível ao mundo que o circunda. Braga é, antes de tudo, um homem ensimesmado e quieto. Vive fechado em si mesmo e em sua levíssima tristeza. É cordato, lento e melancólico, atributos psicológicos que reforçam a imagem de um animal perdido na selvageria da cidade. Gosta da solidão e sem ela não sabe viver.

O amigo Paulo Mendes Campos adentra o terraço. Examina-o de alto a baixo, dá um sorriso amoroso e diz: "Descobri o que você é. Você é um fazendeiro do ar." Braga nem sequer sorri. Ergue-se, toma Paulo pelo braço e o leva até uma garrafa de uísque. Os dois homens, pouco depois, se debruçam em silêncio na murada da cobertura. Na varanda que dá para o Atlântico, o cronista passa a vasculhar o cenário com sua luneta. Paulo, enquanto isso, o olha. Também prefere vê-lo não como um Urso, mas sim como um lobo do mar aposentado, exilado em sua solidão. Urso ou lobo, Braga é frequentemente "animalizado" pelo amigos, recurso que vem apenas sublinhar a relação estreita que o cronista tem com a natureza. Em sua cobertura, sem se importar com isso, o Urso age como um pioneiro da consciência ecológica.

Quando tem visitas, ele se torna um rigoroso cicerone da mata. Vai logo exibir os encantos da envergonhada dormideira, com trançados de flores róseas que margeiam a fronteira sul, suaves em seus melindres e sua timidez de planta. Vai mostrar também a espirradeira, que guarda sob o veludo de suas flores segredos tóxicos. Um visitante desprevenido se aproxima da murada e lança os olhos para baixo. Toma um choque. Sua visão é, primeiro, tragada pela altura. Os olhos do visitante despencam então sobre um asfalto fervente, pontuado por automóveis, fumaça, pedestres que cruzam a rua apressados, crianças alvoroçadas, um caminhão de lixo que digere os restos urbanos e arrota fumaça.

O Urso se aproxima do visitante e o acalma. "Como você conseguiu?", o amigo pergunta. Braga agora se dá conta de que é carregado por uma espécie de jardim voador. Torna-se, então, um príncipe antigo e poderoso, a navegar os ares em sua nave vegetal. Jardim suspenso sobre a cidade, navegando a 50 metros de altura, um paraíso incrustado na selva urbana a tentar desmenti-la, a cobertura de Rubem Braga não parece fazer parte do real. Atravessa, pesada e imóvel, o céu estrelado com a arrogância de um zepelim. Ali, naquela navegação fixa, pois o que se move é a paisagem, o Urso se sente protegido. A vista, da murada de concreto, desmente esse sentimento, mas ele não se abala. Aquele apartamento é a última fronteira de sua intimidade.

Braga pede que o amigo Paulo se sente um pouco, tome um bom gole de uísque e o ouça. Na cobertura de Rubem Braga, duas coisas não faltam jamais: um uísque de qualidade e alguns biscoitinhos, comprados a quilo na padaria da esquina. Raramente, serve-se algo além disso. Braga quase nunca dá festas. A cobertura é uma *open house*, e os iniciados sabem que basta subir a escada ladrilhada que conduz do décimo segundo andar à porta — que jamais está chaveada —, empurrá-la e pronto: a noite, a grande delícia que o Urso tem a oferecer, está servida. Ali, terreno governado pela informalidade, ninguém precisa chegar e cumprimentar o dono da casa. O anfitrião, na maioria das vezes, encara o recém-chegado como se ele estivesse desde muito tempo a seu lado. Os protocolos não sobem à cobertura. São barrados na entrada.

Esse paraíso urbano tem um padrinho: o fazendeiro e empreiteiro Juca Chaves, um homem que desnorteia seus amigos com ideias despropositadas e acessos de romantismo. Nos anos 60, Juca constrói um bar em pleno centro da cidade, o célebre Juca's Bar, no Hotel Ambassador, só para se encontrar com os companheiros que, de outra forma, perderia de vista. Amigo de Tom Jobim, Vinicius de Moraes, Dorival Caymmi e de Juscelino Kubitschek e seu séquito de engenheiros e arquitetos visionários, Juca é uma espécie de catalisador de afetos. Um dia, decide fazer um jardim suspenso no novo prédio que está construindo, o edifício Barão de Gravatá, em Ipanema, em pleno coração urbano do Rio de Janeiro. Movido pela força pura da amizade, o engenheiro toma outra decisão repentina: quer "dar" aquela cobertura a seu amigo Rubem Braga. Explique-se bem: vende-a em condições impensáveis, movido apenas pela certeza de que ali está o destino do amigo.

Uma planta básica é assinada por Sérgio Bernardes. O Urso, porém, mexe e remexe naquele desenho, adaptando-o aos formatos de sua têmpera de fazendeiro. Mas não perde, com isso, nem uma gota de realismo. Decidido a construir um jardim no topo de um prédio de apartamentos, Braga deve primeiro se munir de paciência. Antes de tudo, manda fazer duas lajes sob o chão, ambas impermeabilizadas. Passa, por cima delas, uma terceira camada — previdente — de impermeabilizante. Sobre essa capa protetora, instala mais um dispositivo de segurança: imensas bandejas de alumínio grosso, que têm como função conter o crescimento das raízes das plantas. Só então cobre as quatro alas do jardim suspenso com 40 centímetros de terra que não só abrigam as plantas, como formam uma cama isotérmica que veste a laje e a protege da dilatação no calor e da contração no frio. No sétimo dia, então, esse Noé camponês pode, por fim, sonhar.

A área que circunda o apartamento de cobertura e que forma o jardim suspenso, a rigor, não pertence ao cronista, mas ao condomínio do edifício. Mas jamais nenhum morador ousa contestá-lo. Uma exceção é um senhor que, certa vez, é eleito síndico. Numa visita protocolar, e depois de explicar a situação jurídica do apartamento, ele arrisca: "Como o senhor receberia seus vizinhos se desejassem frequentar a cobertura do prédio?" O Urso não se altera. Com o ar mais calmo que pode exibir, encara docemente seu interlocutor e diz: "À bala." O síndico nunca mais ousa tocar no assunto.

O Urso se posta no convés de sua cobertura, observando o mar. À noite, vigia os astros. Conhece a posição de cada planeta e cada estrela pelo nome. Sua biblioteca não tem apenas uma vasta coleção de livros de botânica, tem também muitos volumes de astrologia. A natureza, para Braga, se estende pelo céu aberto sob o qual a cobertura navega. A natureza é, para ele, um mistério — e mistérios existem para serem desafiados, e não cultivados como segredos. Quando chove, Braga se joga no imenso sofá de couro que tem na sala. Limita-se a mudar seu posto de observação, mas a displicência e languidez são as mesmas. A fama de preguiçoso se alastra. Parece ter ultrapassado o prestígio de outros grandes preguiçosos, como o amigo Dorival Caymmi. Alguém repete, então, a piada maldosa: "Perto do Braga, o Caymmi é considerado operário padrão." Ele ri.

Não é fácil administrar um paraíso. O amigo Edvaldo Pacote chega, um dia, para uma visita. Encontra o cronista desconsolado, diante de uma gaiola dourada onde ele guarda um pequeno tesouro: um rouxinol da Amazônia. "Ele está muito doente. Vai morrer", suspira. "E onde poderei arranjar outro?" Pacote volta para casa decidido a combater a melancolia do amigo. Na manhã seguinte, em seu escritório na TV Globo, liga para a TV Marajoara, em Manaus, e fala com o diretor e empresário Rômulo Maia. Relata, então, a angústia de Braga. "Pode deixar", ouve, "eu consigo outro rouxinol." Alguns dias mais tarde, o telefone toca no escritório de Pacote. É Maia. "Está complicado cumprir aquela promessa", diz. "O rouxinol é uma espécie em extinção e não pode ser negociado."

Mesmo assim, duas semanas depois, Maia dá outro telefonema avisando que conseguiu o pássaro. "Vai em um avião da FAB", avisa. "E como faço para pegar?", Pacote quer saber. "Não se preocupe. O rouxinol será entregue na casa de Rubem Braga." A encomenda chega dois dias depois da morte do primeiro rouxinal. Mas o destino é traiçoeiro: o rouxinal substituto, provavelmente estressado pela viagem, morre logo em seguida. A cobertura fica mais silenciosa. As visitas entram e saem do apartamento, como se estivessem sempre em trânsito. E estão. O Urso explica: ali, elas descansam da vida, para logo depois retornar. Os amigos vão à cobertura se reabastecer de energias e de sonhos. Vão em busca de força. Braga, o grande mestre da amizade, fica, a maior parte do tempo, estirado em sua rede. Pode ter duas atitudes: ou espreita as conversas com olhar atento, vasculhando em detalhes as faces crispadas de seus interlocutores; ou, simplesmente, dorme, ressona mesmo, ronca como se navegasse sozinho, enquanto as visitas circulam, bebericam e falam — desenvoltas, como se seu anfitrião simplesmente não estivesse ali. As duas posições o agradam, porque em ambas conserva aquilo que mais preza: o silêncio, que é para Braga o mais sábio e difícil dos atributos humanos.

Braga prefere guardar as grandes comoções para temas remotos, experiências heroicas vividas bem longe dali. É capaz de atravessar noites contando histórias de guerra, e aqui já não importa saber se esses relatos têm como método a memória ou a imaginação. Nessas horas, Braga se torna obsessivo e não consegue esconder os laços doloridos que o ligam a essas memórias de juventude, vínculos que só os mais próximos têm a chance de testemunhar. O amigo Paulo Bertazzi é um dos escolhidos. Certa vez, depois de um jantar, fica para dormir na cobertura. Em plena madrugada, acorda com um barulho estranho, um ronco estridente e repetitivo que corta a penumbra em chispadas. Sai, pé ante pé, do quarto de hóspedes e, tateando, circula pelo apartamento. Percebe, então, que os ruídos vêm do quarto de Braga. Aproxima-se da porta e, só ali, pode entender: imerso na cauda de algum pesadelo maligno, o Urso simula em tom alto as rajadas de uma metralhadora. Bertazzi, constrangido, não ousa acordá-lo e prefere voltar para seu quarto de hóspedes. Tornou-se a testemunha solitária de um pesadelo no paraíso.

Braga tem renitentes sonhos de guerra e, nessas horas, a rede se balança como que tomada por uma explosão. São três os pesadelos recorrentes. No primeiro, está preso em algum lugar e não pode fugir. No segundo, uma variação mais detalhada do anterior, está detido em um túnel sem saída. No terceiro, mais uma variação, vê uma multidão fugindo de algum perigo indefinido, mas não pode acompanhá-la. Os três pesadelos, na verdade, sintetizam uma só fobia: à prisão inexorável. Para fugir de um desses sonhos malignos, provavelmente, saiu disparando sua metralhadora imaginária, aquela que Bertazzi ouviu roncar no meio da noite.

Agora podemos vê-lo, sereno, estirado em sua rede. A noite vai alta. As frutas pendem silenciosas das árvores, os pássaros dormem encolhidos e a brisa parece, apenas, uma tépida carícia. Ali deitado, o Urso sonha seus segredos. Deles, restam apenas histórias que merecem ser contadas e recontadas, pelo simples prazer de narrar. Foi o que o grande Urso ensinou. É nelas que Rubem Braga sobrevive.

Retrato em fragmentos

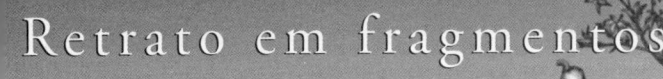

A cobertura e seu morador se confundem. Resta agora, do imenso Urso, um retrato em fragmentos, de que a cobertura de Ipanema é a grande moldura. Braga está enquadrado em seu jardim suspenso, entre coqueiros, pitangueiras, flores e abricós-de-praia, como um caramujo em sua casca, e não há mais como separá-los. Casa e habitante, jardim e jardineiro, urso e caverna, a utopia e seu sonhador são, por fim, um só.

Não há como definir o cronista, não há como classificá-lo. Penso, então, em redigir uma espécie de longo dicionário em que, como um açougueiro diante de sua vítima, as peças sejam separadas — com a força indecente da arbitrariedade; mas que outra força tenho a meu dispor? Talvez assim, fatiado em perspectivas intermináveis, em segmentos espirituais, em partes irrepartíveis, o cronista se submeta a meu desejo tardio de conhecê-lo. Talvez, com esse recurso extremo, eu possa superar o abismo da morte. Arrisco o paralelo com uma tela cubista, que recorta seu objeto, fragmenta-o, produz lascas, tiras e estilhaços, mas sabe que em cada uma dessas partes, ao fim, pode-se encontrar um olhar sobre o todo.

Tenho um grave problema de origem: minha devassa se inicia quando o imenso Urso já está morto. Parto, portanto, das sombras e dos vestígios que ele deixou. Crônicas, entrevistas, notas jornalísticas, palavras ouvidas por terceiros, relatos facciosos, injúrias, exaltações, confissões de rigor discutível, relatos fantasiosos. De que mais posso dispor?

Braga é, para mim, uma miragem — e então me torno um caçador do invisível. Jamais o vi. Nem como cidadão, nem como repórter profissional, em nenhuma circunstância, jamais estive com ele. Não guardo comigo, portanto, nenhuma imagem primordial, nenhuma impressão primária, nenhuma suposição. Nada tenho a preservar. Ele é, todo o tempo, parte de minhas fantasias. Sim, não abdico de minhas responsabilidades e me dedico a perseguir os fatos: leio, ouço, pesquiso, entrevisto, estudo, reflito. Mas tudo já me escapou desde o princípio.

Tento evocá-lo, como um médium. Ofereço-me como intermediário entre o mundo de hoje e aquele que se perdeu. O Urso me ronda, me persegue, ou eu o persigo — já não sei mais —, mas ele sempre me escapa. Ou eu escapo. A parede transparente do tempo nos separa, e só admitindo essa clausura terei alguma chance de, por fim, retratá-lo. É preciso pensar aqui, antes de agir, em uma teoria do retrato. Já não estou mais no terreno das biografias. "Biografia: descrição ou história da vida de uma pessoa", o *Aurélio* ensina. Não tenho ilusões. Há, na vida de qualquer ser humano, um bom pedaço que não se conta. Uma parte, substancial, que escapa à arte da narrativa. Biografias buscam coerência, e nosso barro é a incoerência. Decido deixar de lado, ao menos por enquanto, a quimera de uma reconstituição integral e aderente à vida de alguém. Já tentei outras vezes, e conheço os seus terríveis limites. Não quero me contentar com eles, quero mais. Daí a breve teoria que agora passo a elaborar, que não nasce pura e abstrata, mas já surge colada a uma experiência concreta: ao meu esforço de retratar Rubem Braga. É ao longo da escrita que os esboços teóricos me vêm.

Nada muito complicado. Falo em retrato porque penso em perspectiva — a tal ideia do meu Urso em fatias, que tento realizar no guia que se segue, tão desordenado e em fragmentos quanto um *Michelin*. Dicionários têm uma utopia: a concisão. Também eu, aqui, sou movido por essa loucura da precisão. Mas devo avisar, desde logo, que ela não se realiza. Este livro poderia se chamar: "Urso – maneiras de ver". Poderia se intitular também: "Caça ao cronista." Talvez melhor ainda: "Pequeno dicionário do velho Braga". Mas devo ser realista. A pegada mais nítida que Rubem Braga nos deixou após a morte é seu apartamento de cobertura. Como retratista, é sempre a ele que devo retornar. Também não é mais possível reacender seu fogo, recriar as noites de festa e boemia, reconstituir os diálogos, as declarações de amor, as frases soltas e os debates de ideias. Também a cobertura, sem o seu dono, mesmo com o cuidado extremo que lhe dedica o filho Roberto, é apenas um museu. Um pedaço embalsamado da memória.

Decido, então, usar a imaginação. Ela deve ser o meu método. Assim, vejo o Urso agora estirado em sua rede, levemente enfastiado, esperando a minha chegada para uma entrevista que nunca aconteceu. Posso vê-lo quase arrependido de ter marcado a hora, um tanto sonolento em meio a uma tarde dourada, rabiscando algumas ideias na borda de um livro antigo e maldizendo seu visitante. Salto do táxi. Olho para cima e me pergunto como é possível que, no topo daquele prédio de apartamentos, se erga um jardim suspenso. Tomo o elevador, mas a sensação é a de que entro em um sonho. Uma escada sinuosa me leva à porta da cobertura. Bato. Braga me recebe com seu jeitão desleixado, desinteressado, mas gentil. Sentamo-nos frente a frente. A brisa do mar quebra parte de meus medos. As plantas me acalmam. A confissão, apesar das resistências erguidas por meu personagem desde o início, enfim começa.

Eu chego com minha lista de "verbetes". Quero testá-lo. Ele, pacientemente, responde item por item, preenchendo minhas inquietações e satisfazendo minha bisbilhotice. O Urso conhece, sempre, o limite adequado a cada resposta. Não existem respostas totais: a verdade é impronunciável. Ele me mantém, assim, sob controle férreo. Aceito suas condições. Ao sair dali, tenho um livro a escrever. Não uma biografia, um desses desenhos totais que se pretendem o espelho do mundo. Mas um pequeno retrato, desses que levamos no bolso e a que costumamos nos apegar. Assim, com esse procedimento artificial, eu me reencontro com o cronista que nunca vi. Peço, então, que me acompanhem em minha viagem.

Na Cobertura

Rubem e seus passarinhos.

(FOTOS DE DULCE HELFER)

*O descanso na cadeira de balanço e
a contemplação do alto da cobertura.*

Rodeado, também, de livros e quadros, paixões de Rubem.

O Urso passeia em seu "jardim suspenso",
no coração de Ipanema.

Os Amigos

Acima, *Samuel Wainer,*
Ao lado, *Carybé.*

Ao lado, *Rubem Braga com Anísio Teixeira, Aníbal Machado, Tônia Carrero e Antônio Maria.*
(FOTO DE FÁTIMA BATISTA)

Abaixo, *Antonio Callado.*
(FOTO DE CARLOS CHICARINO)

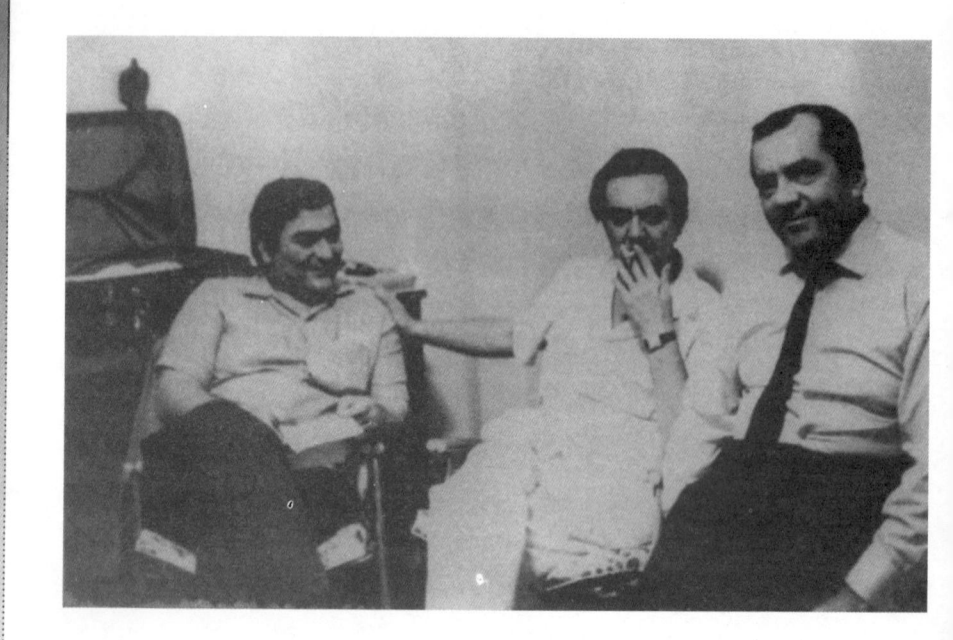

Acima, *Joel Silveira, que também aparece,
ao lado, à esquerda de Jânio Quadros.*

E João Cabral de Melo Neto.

(FOTO DE A E)

Ao lado, *Cícero Dias.*
Abaixo, *Carlos Scliar.*

Ao lado, *Fernando
Sabino, Paulo Mendes
Campos, Otto Lara Resende
e Hélio Pellegrino.*
(FOTO DE PAULO LEITE)

E Clarice Lispector.

Abaixo,
*Carlos Drummond
de Andrade.*

Ao lado, *Mário Pedrosa e José Carlos de Oliveira.*

Abaixo, *Juscelino Kubitschek.*

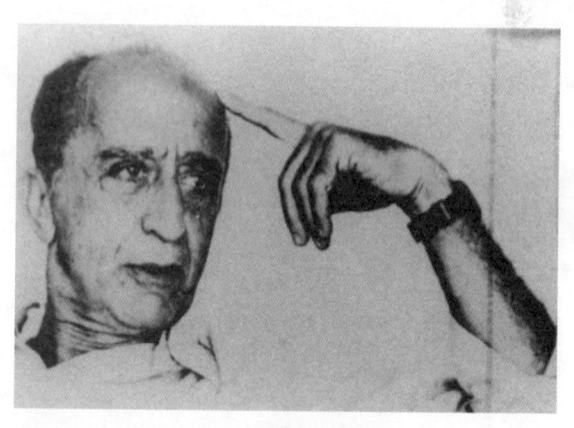

No alto, *Antônio Maria, Ary Barroso,*
Vinicius de Moraes e Paulo Mendes Campos.
Abaixo, *Millôr Fernandes.*

Ao lado, *Tônia Carrero.*

(FOTO DE CÉSAR DINIZ, ABAIXO)

Dicionário

O enorme Urso, muitas vezes, parece estar despreparado para o mundo dos homens. Os modos civilizados não conseguem conter sua alma de animal. Aqui, do alto de sua cobertura, ele vigia o espaço exterior, um universo cheio de regras, de protocolos, de impedimentos, por onde circula desajeitado. Sempre foi assim. Basta fechar os olhos um pouco e o passado retorna. Estamos na Segunda Guerra Mundial, e Braga desempenha o papel de correspondente de guerra do *Diário Carioca*. O companheiro Joel Silveira, dos *Diários Associados*, aproveita alguns dias de folga e o convida para uma viagem a Florença. É o reencontro com a vida civilizada. Em um pequeno hotel, os dois amigos tomam longos banhos, descansam e depois saem para comprar uniformes novos. Alimentam-se como reis. À noite, Joel convida o amigo a fim de que esqueçam o clima de guerra, para assistir a um concerto para violinos e orquestra. "Mas são muitos os violinos?", Braga pergunta. Joel se surpreende com a dúvida do amigo: "Já disse, é um concerto para violino e orquestra. É claro que são muitos." O cronista, porém, insiste: "Você quer dizer, então, que há solos de violino?" Um silêncio estridente os separa. "Mas é claro", Joel por fim responde, já impaciente. Braga se aquieta. Sem olhar para o companheiro, dobra o braço direito e apalpa o pescoço, como se procurasse algum segredo guardado na garganta. Joel, resignado, espera. Braga, finalmente, diz: "Então acho que não devo ir." Abre seu coração: desde muito jovem, parece sofrer de um tipo desconhecido e raro de alergia a violinos. Não pode ouvir meia dúzia de compassos que, ato contínuo, tem um acesso de tosse. Desde rapaz evita, rigidamente, os concertos de corda.

"Tudo isso é bobagem", Joel desconversa. "Vamos a esse concerto e você verá que esse tipo de alergia não existe. É só uma impressão inconsequente." Braga, ainda que inseguro, cede. Enquanto Joel procura os assentos, o cronista ronda a plateia, preocupado. "Fique parado", o amigo pede. "Assim, vão te confundir com algum espião." Braga sorri, agora parece mais calmo. As luzes se apagam e o concerto começa. O programa abre com o *Concerto para violino*, de Bach. Não dá outra: no primeiro solo mais suave, o acesso de tosse começa. Joel murmura: "Respire fundo. Procure se acalmar, que isso é apenas um problema dos nervos", diz. Braga respira fundo e fecha os olhos. Tenta se controlar mas, logo, o acesso de tosse retorna. Impossível: ele não pode parar de tossir. A plateia se inquieta. "Silêncio", alguém pede, em voz vacilante. Outras vozes, mais firmes, se levantam solidárias. Braga faz um movimento de quem vai se erguer. Joel o segura pela manga. A tosse volta novamente. Ele se dá por vencido e vai embora.

ADJETIVOS

Tem horror aos adjetivos. Para ele, as coisas já trazem, dentro de si, suas qualidades — estáveis e maciças, como os frutos de uma árvore — e não precisam de adornos, nem de simulacros para se definirem. O mistério do mundo, para o velho Braga, não está em seus ornamentos; ao contrário, é encoberto por eles. Em vez de dizer "Que bela manhã!", ou "Que manhã magnífica!", prefere simplesmente exclamar: "Que manhã!" Para ele, a entonação já adjetiva as frases, dispensando coloridos redundantes. Só um mundo direto e sem adjetivos pode ter significado e prometer algum sentido. O cronista se transforma, então, em um caçador de adjetivos. Do alto de sua cobertura, cercado de caules rígidos e de frutos substantivados, o grande Urso vigia os decoradores da vida e bane qualquer impulso adjetivoso que detecta dentro de si mesmo e daqueles que o cercam. Quando encontra um adjetivo, usando de seu providencial mau humor, ele o afasta sem qualquer chance de apelação. Ele o extermina.

A teoria dos adjetivos tem seu momento alto na abertura da crônica intitulada "Um fato", redigida em 1939. Vale a pena lembrá-la: "Discutir com adjetivos é muito fácil. Eu chamo você de feio e você me chama de antipático. Podemos ficar nisso a vida inteira, trocando adjetivos. Mas na vida não há só adjetivos. Há também fatos, fatos substantivos, fatos concretos." Quando julga necessário, não se intimida em citar a si mesmo. Braga afirma insistentemente que tem "um sagrado horror" aos adjetivos. É bom destacar que, nesse caso, está adjetivando seu sentimento.

Não gosta de discussões religiosas. Considera-se agnóstico, com toda a nebulosidade que cerca essa classificação. Mas, às vezes, é preciso falar da alma. Não tem como escapar disso. Nos anos 80, Braga é convidado para ser o paraninfo dos formandos na Faculdade de Filosofia da Universidade do Espírito Santo. É uma situação incomum, que não costuma aceitar. Por alguma razão obscura, dessa vez ele cede. Talvez seja, apenas, a vontade de rever Vitória. Chega a noite solene. Em seu discurso, diante de um auditório respeitoso, Braga diz: "No fundo talvez não seja muito bom negócio vender a alma; a alma às vezes faz falta." E sugere que aqueles rapazes e moças não se tornem homens e mulheres amargos, capazes de negociar seus bens mais íntimos em troca de paixões imediatas. "Vocês devem ser trouxas", agora diz, para espanto da plateia. "Agir como trouxas. Trouxas sem inveja e sem rancor." Os jovens, ansiosos, se mexem em suas cadeiras. Estará brincando com eles? O cronista, sem deixar margem para mal-entendidos, suspira e completa: "Apesar de tudo, é melhor a pureza." Está dizendo que aqueles meninos, apesar de tudo, devem aceitar ser os grandes trouxas da nação, destino que o país por vício confere a seus professores. Aceitar humildemente um destino, simplesmente oferecendo a alma. "Sede trouxas suavemente", ensina, e agora se ergue como se, nessa posição, sua voz pudesse ecoar com mais firmeza pela sala. Encerra ali seu discurso. Só pensa em, também ele, se fazer de trouxa e simplesmente ir embora. A alma, para o cronista, está acima de tudo. Sem dignidade e sem empenho, qualquer profissão gloriosa se torna, um dia, um grande embuste. Sai da cerimônia aplaudido em triunfo. Sobe a seu jardim suspenso de alma limpa. Foi compreendido.

AMIGOS

Braga gosta da solidão, mas também gosta de estar bem-acompanhado. As duas coisas não parecem se excluir. Silencioso, prefere zelar pelos amigos como uma sombra benfazeja e gozar de sua companhia sem que possam perceber. Prefere degustá-los "ao natural", isto é, sem as afetações produzidas pela sociabilidade e pelas boas maneiras. Por isso, frequentemente, passa por um homem bruto, ou simplório. Seu horror aos amigos falsos, a admiradores insistentes e a aproveitadores é diretamente proporcional a seu medo dos adjetivos. Teme os adjetivos e os excessos, que tem na conta de duas encarnações disfarçadas do fingimento. O cronista tem o espírito moderado. Não é que recuse os bons atributos, ou as boas companhias; mas é terrivelmente exigente e só os aceita depois de vastas provas de que são, de fato, essenciais.

Não gosta de falastrões, de pessoas que se julgam superiores, e também dos inconvenientes, homens que são tudo o que ele evita ser. Para ele, o anti-Braga está sintetizado em um símbolo, que cita sem qualquer esforço para a piedade: o jornalista Tarso de Castro. Nada tem, em particular, contra Tarso. Mas não pode aceitar seu estilo "furão", seus modos extrovertidos (a palavra, o Urso lembra em um desses jogos inúteis de espírito, contém o advérbio inglês *over*; associação de resto ineficaz, pois introvertido, o seu oposto, também contém o mesmo advérbio), seus modos fartos. Tarso é o anti-Braga: inquieto, incontido, falante. Não podem mesmo combinar. O cronista, nesse ponto, é sectário e até injusto. Não aceita relações transbordantes e fáceis. Só relações francas e límpidas. No mais, prefere se calar.

Tem meia dúzia de ouvintes fiéis, homens diante dos quais abre o verbo e o coração. Frequentemente, ao descer da cobertura de volta para casa, já em alta madrugada, o amigo fiel Otto Lara Resende repete para si mesmo um comentário que se torna quase um bordão: "Nunca vi homem tão valente." Esse é, de fato, um atributo fundamental de Braga: a valentia. É preciso coragem para exigir tanta limpidez da vida. Para se submeter, por livre-arbítrio, a tantos princípios férreos.

Mas é bom não confundir: Braga não é um "homem de princípios". Não dá lições de moral, não gosta de exibir seus limites éticos, não tem paciência com demonstrações de bom-senso e bonomia. O que importa para ele não é a tábua de princípios — cada homem, afinal, tem a sua, ou deveria ter —, mas sua capacidade de a ela se ater. A coerência que exige de si mesmo não é lógica; é pragmática. Não está preocupado com ideias, mas com fatos.

Candidatos a amigos devem, antes de tudo, tomar um cuidado: jamais — erro bastante comum, mesmo para velhos conhecidos, depois de duas ou três doses de uísque — chamar o anfitrião de "Rubens". Essa é uma senha infalível para a inimizade. Isso demonstra também o gosto do Urso pela precisão. Amigos frouxos têm ideias fluidas. Amigos verdadeiros jamais tropeçam nas armadilhas da língua.

Agora o vemos, uma noite, chegar em casa. Sobe os dez degraus de escada cercados por ladrilhos portugueses, atravessa a soleira de entrada, passa pelas duas estátuas de Ceschiatti — bronzes de nus femininos, muito italianizantes, impondo o moderno àquele jardim passadista —, examina as plantas tratadas como tesouros. Estica-se na poltrona e se põe a pensar em alguma bela mulher — mas os nomes ele jamais revela. "Isso aqui mais parece uma casa colonial brasileira", define Antônio Callado, que há muito não o visitava. O elogio lhe soa ambíguo. Mas a verdade é que Braga se comporta, em seu jardim suspenso, como um grande senhor. O visitante, paciente, deve reverenciar seu amor pelo jardim. Ele apresenta uma a uma as árvores, aponta e nomeia os pássaros que as sobrevoam, exige que o visitante experimente os frutos mais doces e até os mais amargos. Nada escapa a esse grande senhor feudal. "Aqui eu me sinto em uma velha fazenda do Vale do Paraíba", insiste Callado. O cronista é um fazendeiro solteirão, solitário e senhorial, a dominar seu pedaço da natureza em plena Ipanema de cimento, com a doce arrogância dos sábios. Ali, acima da cidade caótica, ele pode reger a natureza e sorver as amizades em paz absoluta. Ali ele se torna, no esplendor da palavra, um homem.

Mas é impiedoso com os amigos, mesmo os mais queridos. Nos anos 40, escreve, no calor da hora, um pequeno poema de vinte versos que deixará inédito: "Improviso para Vinicius de Moraes". O original manuscrito ficará guardado, para sempre, com a amiga Lila Bôscoli. Basta pensar no primeiro quinteto: "Tu que te chamas Vinicius/ De Moraes, inda que mais/ Próprio fora que imorais/ Quem te conhece chamara/ — Avis rara!" Há versos assim: "E és um calhordaço fino:/ Tanto mal que já fizeste/ Cafajeste!" A rude demonstração de amizade viril parece, em alguns momentos, ir além da conta: "Só queres amor e ócio/ Capadócio!" Mas não. Entre amigos, ele pensa, a verdade deve sempre ser dita, ou é a amizade que se trai. Os laços de afeto não excluem a franqueza rude. Ao contrário, a subentendem.

É ciumento e controlador. Muitas vezes, movido unicamente pelo ciúme, define a relação de amizade que une Vinicius de Moraes a Tom Jobim como "ridícula". Quer dizer: próxima demais para um laço de afeto entre dois homens. Mesmo com as mulheres — afora as paixões abrasadoras, que não conhecem os limites da razão — não gosta de intimidade excessiva. Tem a prudência e a distância como valores fundamentais nos laços humanos. Braga faz parte daquele grupo de intelectuais que insiste em ver Vinicius como poeta, e jamais como compositor. Os outros insinuam, fazem comentários indiretos, exercitam-se em raciocínios sinuosos com medo de ferir. Ele não: diz tudo diretamente. Só mesmo um homem com a alma ampla, como Vinicius, para suportar.

Braga cultiva dois gêneros de amizade: uma com os amigos "do dia" e outra com os amigos "da noite". Joel Silveira é um exemplar típico do primeiro grupo. Chega no meio da tarde, toma o seu uísque, às vezes pega no sono esticado numa rede, mas raramente atravessa a madrugada. Sérgio Porto, Maurício e Maria Roberto, Lúcio Rangel, Otto Lara Resende fazem parte do segundo. O cronista pensa que a amizade é uma arte difícil, que tem suas regras e proibições. Aprende sobre o imponderável que governa as amizades e inimizades desde muito cedo, quando em 1932, ainda jovem, chega a São Paulo para trabalhar nos *Diários Associados*. Irritado com o sentimento xenófobo que move o movimento constitucionalista, o jovem Braga escreve um artigo irônico confessando que é neto de um bandeirante. Ganha um amigo: Oswald de Andrade se delicia com a brincadeira e se aproxima dele para sempre. Ganha um inimigo: Mário de Andrade, que a essa altura é crítico de música do jornal, se irrita com a mesma brincadeira e passa a evitá-lo. O que se pode concluir? Simplesmente que as amizades não têm peso, nem forma definida. São, um pouco, o modo como o acaso costura o coração dos homens.

AMOR-PRÓPRIO

Rubem Braga cunha uma frase definitiva a respeito do tema: "Se eu conhecesse outro sujeito igual a mim, nossas relações nunca chegariam a ser grande coisa." Isso não quer dizer, porém, que não goste de si mesmo. Significa apenas que ele é um homem que põe, sem medos tolos, a diversidade e a surpresa em primeiro lugar. O que mais o atrai na vida é, justamente, a imprevisibilidade. A fraqueza que, vista mais de perto, se transforma na maior das riquezas humanas. O amor-próprio lhe parece, então, monótono e desnecessário. Quase um vício. Ele evita essas pessoas saudáveis e resolvidas que estão sempre cuidando de si. O cuidado de si, para Braga, é uma forma de mascaramento.

O que pode parecer carência de amor-próprio, porém, é mais outra coisa: um relaxamento diante do acaso, uma entrega à vida como poucas vezes o país viu em seus grandes escritores. Braga pensa que o gênero da crônica o deixa livre das falsas expectativas e dos exageros que cercam a atividade literária. Ser cronista, para ele, é um modo de escrever sem "ser escritor". Escrevendo só para jornais, ele pensa, não tem uma obra para zelar, nem precisa fazer pose de gênio. Pode, simplesmente, ser um homem comum. Pensando bem: haverá prova mais consistente de amor-próprio?

O amor próprio de Braga se revela no uso que faz do gênero da crônica. Em suas mãos, ela é, antes de tudo, uma máquina de confessar. Praticando-a, o cronista expõe as impressões, experiências e sentimentos que o atormentam; ao escrever, enxágua a alma até a mais absoluta transparência. A crônica é, assim, o gênero do Eu. Preso a um presente perpétuo, só resta ao cronista o si mesmo. A natureza, os amigos, os inimigos, o mundo material, as circunstâncias nada mais são que um prolongamento de seu humor. Difícil imaginar outro gênero que ponha o amor-próprio em posição tão central. Escrever, para o cronista, é uma forma — mal — disfarçada de amar a si mesmo.

ANDARILHOS

Apesar de seu apego à terra, Braga tem um espírito de andarilho. Um de seus heróis prediletos é Görresen Brasil, mais conhecido pelo nome abrasileirado de Brasil Gerson, o autor de *Histórias das ruas do Rio de Janeiro*, de 1955. Catarinense, nascido em São Francisco em 1904, e descendente de noruegueses, alemães e holandeses, Görresen passa boa parte da vida no Hotel Terminus, em São Paulo, onde é visto pela noite com a face amparada em uma piteira de prata. Há uma época em que se torna comunista e sobrevive como redator de *A Plateia*. Passa também longas temporadas em Montevidéu e em Buenos Aires, onde se torna um admirador de tangos, que parecem ser a trilha sonora perfeita para sua alma sincopada e langorosa. É o autor de um argumento cinematográfico, "A Inconfidência Mineira", estrelado depois por Carmem Santos, com quem vem a ter um caso amoroso. Görresen chega a ser oficial de gabinete do presidente Café Filho.

Por que Braga o admira tanto? Comove-o, antes de tudo, a capacidade que Görresen demonstra de se metamorfosear, de saltar de um ponto da vida para outro ainda mais improvável, e assim de jamais ser o mesmo. Görresen Brasil faz de sua vida uma prova de que, para ter a alma de cigano, não é preciso viajar muito. Basta conservar o espírito inquieto. Torna-se um espelho para o impaciente Rubem Braga, sempre inadaptado às formalidades do turismo e às voltas com uma muda sofreguidão. O cronista transforma a *História das ruas do Rio de Janeiro*, em determinada época, em uma espécie de guia particular. Admira em Görresen, sobretudo, o detalhismo, a vontade férrea de se apegar às miudezas desprezadas pelos apressados e uma obstinação de cientista, sério e imparcial diante do mundo, contemplativo mas severo. O cronista vê nele, mais que tudo, uma atitude francamente masculina diante da existência: silenciosa, inflexível, pragmática. Atributos que, de resto, nenhum andarilho que se leve a sério pode dispensar.

ANIMAIS

Em Londres, durante uma viagem de trabalho, gasta toda uma manhã lendo os jornais ingleses. Esbarra no *The Times* com a história singela de um homem que arriscou a vida para salvar uma andorinha. O repórter acrescenta que só no ano anterior o corpo de bombeiros londrino foi chamado mais de 250 vezes para salvar a vida de gatos retidos em telhados, perdidos em árvores, ou aprisionados em porões. Recorta a notícia. Pensa em transformá-la em um pequeno quadro para as paredes de sua cobertura.

Nada mais incompatível com Rubem Braga do que a ideia de aparência. A aparência, para ele, é apenas fingimento, máscara, disfarce no qual o homem envolve aquilo que não pode mostrar. Numa crônica escrita em fins dos anos 40, ele assim se define: "É um senhor feio." Não gosta de comprar roupas. A atriz Tônia Carrero tem o hábito de lhe dar camisas de presente. Ainda assim, faz exigências. Só gosta de tecidos estampados em xadrez, preferência que sublinha o estilo interiorano. "São todas iguais", alguém comenta. "É assim que eu gosto. Não tenho trabalho para escolher quando preciso trocar de camisa", diz. Tem os pés sempre enfiados em um par de sandálias de couro, do tipo franciscano, que acentuam sua opção pela estética pobre. As calças, escuras e sóbrias, podem ser *jeans*, ou sociais padrão. Meias escuras. Nada mais.

Vinicius de Moraes o vê, certa vez, "feroz em seu focinho de lobo solitário". A imagem do lobo é aceitável, mas a ênfase recai sobre o adjetivo. É a solidão, e não a semelhança de temperamento com o animal, o principal traço de união. Pode-se, de fato, evocar o gosto de Braga pelas cores sóbrias, do castanho-acinzentado ao branco-cinza, como a pele de um lobo. É, como os lobos, um homem que tem a vida cercada de lendas. O espírito solitário se parece com o do animal, habitante de espaços remotos. Mas ainda é melhor pensar em um urso, lento, pesadão, com o espírito largo e sempre à beira de nova temporada de hibernação. Braga não dorme muito durante a noite. Pontua os dias com uma série, quase infindável, de cochilos breves, que podem ser dados em qualquer lugar: numa poltrona mais confortável, no sofá de um gabinete, em um tapete. Recolhido em sua rede, entre um sonho habitado apenas por mulheres e o rascunho de um escrito de encomenda, Braga é um animal recluso em sua caverna.

As histórias de bares transbordam da cabeça do velho Braga. Ele se diverte com as recordações. No começo dos anos 40, um grupo de rapazes frequenta o bar Vermelhinho, no centro do Rio. Agem como se estivessem no Coupole, de Paris, ou no Royal, de Londres. "É um café com uma displicência, uma perda de tempo, uma disponibilidade", descreve Vinicius de Moraes, que serve como líder espiritual do grupo. O poeta se enraivece no dia em que recebe um artigo assinado pelo escritor chileno Uribe Echeverría, recém-chegado de uma viagem ao Rio de Janeiro. Nele, Echeverría descreve o Vermelhinho, em imagem míope, como "um verdadeiro cenáculo da arte indígena". Mas é claro: aquele é um bar que só pode ser entendido por iniciados. É mais uma seita que um bar.

Ali, naquelas mesas vermelhas, o Urso começa sua carreira de grande vagabundo do espírito. Os rapazes estão sempre, também, no Alcazar, em Copacabana. São os donos da noite. Entre eles, pontificam João Cabral de Melo Neto, Vinicius de Moraes, José Carlos de Oliveira, Manuel Bandeira, Paulo Mendes Campos, Otto Lara Resende. Um dia, Vinicius chega ao Vermelhinho com a notícia espantosa: uma esquadra inglesa está ancorada em plena lagoa Rodrigo de Freitas. É tempo de guerra e de medo. E aqueles rapazes mágicos logo visualizam a imponente esquadra democrática flutuando sobre o espelho da lagoa, a defender o Rio de Janeiro de nefastos inimigos. "Em volta, as moças acreditavam. Em que as moças não acreditavam?", Braga se pergunta. Já os rapazes não só duvidam, mas também riem do poeta. Mais cerveja é servida, para exacerbar o teor de sedução desse sonho de poeta. Desarmado com as razões dos últimos realistas mais sóbrios, Vinicius põe na mesa um argumento decisivo: "Quem viu foi dona Heloísa Alberto Torres." Aquele nome ilustre cala a todos. O respeito e a idade se impõem. Vinicius diz: "Eu vou para lá agora." As moças, sempre prontas a novidades, logo o acompanham na aventura. Os rapazes, a contragosto, são arrastados por elas. Chegando à lagoa, é claro, não há navio algum. É um início de noite inesquecível e só a imagem da lua, cheia e plena, flutua sobre o espelho d'água. Todos riem, menos Rubem Braga. A seu canto, ele olha para Vinicius e o inveja. Quisera manejar sonhos com tanta sinceridade. O cronista decide consolar os amigos contando a história de um certo imperador sem baleias. Vinicius o interrompe. "Nós somos imperadores sem baleias!", o poeta berra. A fantasia dá seu veredito.

Torna-se, a partir dos fins dos anos 40, frequentador, também, do Juca's Bar, no Hotel Ambassador, na rua Senador Dantas — que pertence ao engenheiro pernambucano Juca Chaves, o futuro construtor de sua cobertura. O próprio Juca é um dos mais assíduos visitantes do bar. Aparece nos fins de tarde, em meio a intelectuais e artistas como Luís Jardim, Lúcio Rangel, Sérgio Porto, Carlos Leão, Paulo Mendes Campos, Oscar Niemeyer. Braga compra sua cobertura no ano de 1964. Do Juca's Bar, se transferem com armas e bagagens para o apartamento do cronista. A cobertura, nessas horas, se torna uma *open house*. A porta, na verdade, está sempre encostada à espera dos mais íntimos e dos poucos iniciados. Estes sabem o grande segredo: basta empurrá-la, que está aberta. Se a campainha soa, é porque vem gente estranha, ou mais distante. Braga já não se anima muito. A alegria é uma força delicada, que não resiste aos mínimos aborrecimentos.

O Urso, de tão distraído, muitas vezes deixa suas visitas para trás e desce de seu jardim suspenso para frequentar os bares de Ipanema e Leblon. O Jangadeiros, o Zeppelin, o Antonio's, o Degrau. Prefere os bares aos restaurantes sofisticados, onde se sente deslocado e fora de seu habitat, além de se atrapalhar com cardápios indecifráveis e sobremesas bizantinas. A sofisticação, para Braga, é uma forma de medo. Ela vem apenas nos defender da grandeza e da simplicidade.

Os bares são o campo escolhido para as raríssimas brigas violentas de que o cronista simplesmente não pode escapar. Uma delas acontece no Antonio's. Braga se delicia com o anúncio que diz: "Antonio's, o bar-restaurante mais descontraído do país. E onde tudo pode acontecer, inclusive... nada." É justamente aqui, nesse espaço vago e nevoento, que reside o perigo. Alguém espalha a história de que Rubem Braga guardaria consigo provas irrefutáveis de que Di

Cavalcanti é filho de Olavo Bilac. O boato, por tudo o que tem de picante e desafiador, ganha a noite. "Isso é uma asneira", o cronista protesta. Mas as lendas costumam ser mais fortes que os argumentos. Já é madrugada quando Braga e Di se encontram, por acaso, na fumaça do Antonio's. O pintor avança aos socos sobre o cronista, que é obrigado a se defender. Voam copos, cadeiras estalam e pratos são derramados no chão. A briga — com desfecho empatado — se torna célebre. Até porque é uma exceção na biografia de um homem que sempre coloca a paz acima de qualquer vaidade. Mas nos bares, Braga aprende, tudo acontece. Parecem regidos por regras próprias, por leis que escapam ao bom-senso mortal. São os parênteses do mundo.

Tem a alma leve: bebe, desajeitado, como um menino e não precisa de muitos drinques para que seu espírito se altere. Não toma porres; quando bebe além da medida, simplesmente cai no sono.

O cronista reverencia sua cidade, Cachoeiro de Itapemirim, mas não tem muita paciência para viagens sentimentais, nem mesmo para visitas rápidas. Vê uma deficiência fundamental em Cachoeiro: não há louras na cidade e elas são seu gênero preferido de mulher. "Mas é claro que tenho que preferir as louras", explica, quando lhe perguntam a razão dessa escolha. "Eu nunca tinha visto uma loura. Quando cheguei ao Rio de Janeiro e vi a primeira, fiquei doido."

Certa vez, Braga reúne alguns amigos em sua cobertura para uma visita nostálgica a Cachoeiro do Itapemirim. Lá se apresentam, não muito entusiasmados, mas pontuais, Joel Silveira, Millôr Fernandes, Ylen Kerr. O grupo pega a estrada. Exaustos, assim que chegam a seu destino se instalam em um hotel para a primeira noite. Não estão exatamente felizes. Inquietos, Millôr e Ylen têm, ambos, uma insônia brutal. Na madrugada, aproveitando-se do sono profundo do grande Urso, fazem as malas e retornam na moita ao Rio de Janeiro. No dia seguinte, Braga, sem fazer um só comentário, prossegue sua viagem com Joel. De volta ao Rio e ao convívio dos amigos ingratos, não toca no assunto, que muito o magoou, quando dias depois os reencontra. Sabe fazer do silêncio a sua couraça. O tempo escorre. Mais de um ano depois, o céu espesso da cobertura como testemunha, Millôr, ainda culpado, volta ao assunto. "Bobagem", o cronista diz. "Não foi nada." Mas foi sim.

O CAMPONÊS

Braga é um homem sutil. Um homem muito difícil de ser definido. Joel Silveira o vê como "um camponês de Trás-os-Montes" que, por algum desvio na história, veio parar na Ipanema do século 20. É um homem da roça, um caipira clássico transplantado para uma cobertura vanguardista. Indiferente às questões de tempo, ele circula pelos jardins suspensos com ar de cicerone interiorano, regendo sua pequena floresta, fornecendo nomes, idades, origens, os segredos de cada planta. Braga teve a ideia simples e genial de criar uma granja em plena Ipanema. Agora, recebe a recompensa. Tem um apego desmedido à terra, aos movimentos do sol e da lua, às marés, às tempestades, às migrações dos animais. Um analista superficial jamais o identificaria como um escritor.

Se sai para dar uma caminhada pelo litoral, a parada mais longa é sempre dedicada aos pescadores do Posto Seis, em Copacabana. Ali, arregaça as calças, pisa na beira do mar e conversa sobre os peixes, seus pesos, a consistência de suas carnes, seus hábitos marinhos. As melhores crônicas que escreve, ainda por conta desse espírito telúrico, têm por tema passarinhos, pescarias, flores, animais. "Rubem Braga é o intelectual menos intelectual que o Brasil já teve", define um dia Joel Silveira, com precisão. Quem o vê na rua, numa fila de banco, num balcão de cafezinho, e não o conhece, dirá que é um fazendeiro, um comerciante interiorano, um músico de canções caipiras, um roceiro em visita à cidade, jamais um escritor sofisticado. Que outro escritor brasileiro pode ostentar tantos conhecimentos de ornitologia, técnicas de pescaria, constelações e movimento das marés? De sua cobertura, o campônio Rubem rege a natureza com a pose de um bruxo. Feiticeiro matuto, metido em camisa xadrez e sandálias de couro, com espírito de franciscano e mente de erudito.

Tem, por isso mesmo, um espírito paradoxal. É agnóstico — mas escreve uma crônica sobre São Cosme e São Damião que é uma prece. A crônica depois é transcrita em um cartão institucional da TV Globo e ilustrada com um desenho de Djanira. É um homem simples: simples ao vestir, simples ao falar, simples em suas aspirações, simples também em seus ódios. Esse espírito ambíguo o torna, também, um mestre na dosagem das palavras: em seus escritos, difícil é descobrir o que acrescentar e o que cortar. Braga, com sua alma de agrimensor, é um homem que conhece a medida das coisas.

Interessa-se, apenas, pelas substâncias básicas da vida; as duas mais importantes, ao que parece, as amizades e as mulheres. Não tem uma relação fácil com o mundo moderno, nem com a vida mundana. O camponês odeia duas coisas: convencionalismos e falsificação. Gosta, antes de tudo, da verdade. Diante de uma mentira, ou de um comentário esnobe, não controla a expressão de nojo

— como se aquela mentira, ou esnobismo, o atingissem fisicamente e o asco fosse uma defesa natural do corpo. Sabe ser um homem rude, e não tem qualquer vergonha disso. Braga pensa que a rudeza faz parte dos atributos do mundo. É com ela que a raça humana se preserva.

O Urso, na verdade — e aqui é preciso ver bem de perto —, tem uma imensa face de cachorro. Exibe aquela mansidão atenta e feroz que os cachorros fazem ao correr de um lado para o outro. Conserva uma certa ingenuidade doce, uma disponibilidade, que não se encontram em ursos, ou em lobos, mas só nos cães. A falta de jeito, para olhos atentos, acentua a delicadeza. Adora flores, passarinhos, frutos silvestres, miudezas de um mundo delicado que a civilização parece ter engolido. Mas os amigos — em particular as amigas —, se não o veem como um urso, seguem a impressão de Vinicius de Moraes e preferem tomá-lo por um lobo. O lugar-comum, o poeta sabe, é inevitável: um lobo solitário. "Nada o define melhor", diz Lila Bôscoli.

O cotidiano está repleto de provas. Nas imediações da praça Nossa Senhora da Paz, Braga descobre um pequeno bar frequentado, a certa hora do dia, em dado dia da semana, por um pequeno grupo de ornitólogos. Não perde uma dessas reuniões informais e é capaz de gastar horas a fio conversando sobre ninhos e alpistes. Sua alma telúrica, muitas vezes, parece não caber no perímetro da cidade. "Ele nunca foi cooptado pelas vantagens da civilização", diz o amigo Paulo Bertazzi. A integridade e o silêncio são dois de seus atributos pessoais que melhor correspondem à imagem oficial do camponês.

CARNAVAL

Diante da tevê, Braga assiste às transmissões dos grandes bailes de carnaval do Rio de Janeiro. Abaixa o som e fica apenas com as imagens. Mulheres desejáveis, em trajes mínimos, desfilam pela tela. A cabeça voa e ele retorna a seu primeiro carnaval. Nessa Cachoeiro de Itapemirim do passado, Braga é apenas um menino de bigodes e costeletas pintados com uma rolha queimada, a face tingida com papel vermelho e uma faixa rubra que enforca a cintura. Ele e o irmão Newton estão fantasiados de mexicanos. Os adultos se deliciam.

Anos depois, Braga se torna um adolescente desengonçado, perdido em meio a serpentinas e lança-perfumes, metido numa fantasia precária de pirata. E as mocinhas intocáveis que, no cotidiano, estão sempre distantes, passam agora a seu lado vestidas de odaliscas, ciganas e princesas e expõem as coxas nuas e belas. O carnaval abre uma fenda na rigidez do cotidiano. É, para ele, uma oportunidade de beleza, e não de folia. Outro salto no tempo e Braga aparece no carnaval do Jóquei Clube, em meio a famílias distintas e muito brilho, já dono de sua precoce maturidade. Agora ele se vê no iate *Laranja*, "quando Lúcio Rangel dançou a noite inteira com Aracy de Almeida, madrinha, enganchada em seus ombros". Em seguida, o encontramos em um bloco de sujos na rua do Catete, em um corso na avenida Rio Branco e ensanguentado, depois de uma briga malsucedida, no High Life. Por fim, Braga acorda em uma cama desconhecida, "entre uma bisnaga de rodo metálico e uma senhora loura fantasiada". Jamais saberá o seu nome. As imagens deslizam pela memória, e aquelas moças seminuas que se insinuam no vídeo vão se tornando imprecisas e improváveis. Deusas imateriais, a derreter no chiado da televisão. O carnaval, então, não passa de um sonho. Um sonho coletivo. Braga o sorve com distância e comedimento. Tímido e desconfiado, como um bom caipirão.

CETICISMO

Desesperançado, cético, ele tem um certo desencanto pelo mundo e pelos artefatos humanos. Profissionalmente, sente-se sempre roubado, porque jamais lhe dão o salário que julga merecer. Mas o ceticismo do Urso transborda também para a convivência com os amigos. Os leitores ficam com as sobras. Uma leitora atenta despacha uma carta para a cobertura reclamando porque Braga, em certa semana desinspirada, decide repetir uma crônica antiga. A missivista protesta contra o que entende ser apenas uma manifestação de preguiça e desconsideração. Mal termina de ler a carta, ele reclama com Armando Nogueira, que o visita: "Veja como são as coisas. O Vinicius faz um sambinha, toca mil vezes no rádio e as pessoas cada vez gostam mais. Eu não posso publicar a mesma crônica duas vezes que sou logo chamado de preguiçoso." Mas não se atormenta com as ciladas da profissão. Não se sente particularmente persegui-do. Sabe que o mundo é o mesmo para todos.

Afora a ironia com o amigo poeta, Braga expressa nesse comentário inspi-rado, mas melancólico, sua visão entristecida do mundo. No fundo, ele não quer se apegar a grandes esperanças, porque não suportaria depois a decepção. Traça para si, sempre, objetivos pequenos, visíveis, domináveis. Mede cada passo, rígido novamente como um agrimensor. Braga não gosta de sonhadores, esses indivíduos cheios de arroubos que alargam o mundo para depois nele se afogar. Prefere a segurança da terra firme. Daí o genêro literário que elege para si: a crônica. Nele, são poucas as possibilidades de erro. O cronista é um escritor que tem suas medidas fixadas pelo cotidiano. Está preso ao chão. Logo, não pode cair.

Chatos

Antonio Callado, assíduo frequentador da *open house* de Braga, aponta o único espécime humano terminantemente proibido na cobertura: o chato. Diante dos chatos, o Urso toma modos toscos e age de forma descortês. Simplesmente, expulsa-os de seu paraíso. Não conhece a palavra concessão. Diante dos homens de espírito maçante, ou inoportuno, não tem qualquer con-descendência. Não conhece, então, os limites da polidez e sabe, como poucos, encabular seus inimigos. "Ele é um homem que ou se ama, ou se odeia", define, certa vez, a amiga Lila Bôscoli. Um indivíduo sem meios-tons. Nada mais ina-ceitável, portanto, que o chato, com seus modos maçantes e sua moral inopor-tuna. Com eles, Braga não tem qualquer piedade.

Comida

A simplicidade se expressa, por exemplo, em suas preferências alimentares. O Urso é glutão, mas não gosta de pratos sofisticados. Prefere as comidas bási-cas e os grandes pratos brasileiros: cozido, feijoada, peixada, vatapá. Tem duas aversões especiais: a comida espanhola ("É sem graça, não tem personalidade", diz) e a hindu ("O *curry* iguala todos os sabores, você não pode distinguir um assado de uma alface").

Adora doces e frutas. Empanturra-se de açúcar e esse vício não lhe traz, mesmo na velhice, problemas de saúde. Diante de um bom prato de doce em compota, gosta de dizer que se sente "um touro". E o devora com ares de menino grandalhão. Não o convidem para ir a um restaurante fino. Simplesmente não vai. Para ele, o requinte é um atributo que não pode ser separado da simplicidade e da fartura. Aqui, um pedaço de sua alma mineira se manifesta.

COTIDIANO

O Urso Deitado se estica em sua rede. Acabou de tomar banho. Chupa uma laranja. Sente-se limpo, alimentado e bem-disposto. O passado já não importa. O futuro não o interessa. Braga é um mestre do presente perpétuo. Espreguiça-se. Ergue-se e vai até a murada, de onde vigia a ilha Rasa. Ela continua em seu lugar, com o farol branco, a borda pintada de ondas franzidas. A praia continua seu sono ao longo do oceano, as ondas vão e voltam, as gaivotas sobrevoam a poeira de barracas coloridas, o sol se ergue. A vida funciona normalmente. O mundo, visto aqui de cima, parece claro e estável. Encontra prazer na previsibilidade e um prazer maior na monotonia, na repetição natural, na ausência do tempo. O Urso sabe que o mundo não vai nada bem, mas aqui, no limite de sua cobertura, pode ver a paz absoluta. Ele anda entre as plantas. Procura os passarinhos. Chama um beija-flor para beber em sua mão. O pássaro o ronda, serpenteia no ar. Beija, por fim, os seus lábios de velho. Nada se parece mais com o êxtase.

Daqui de cima, o universo tem ordem e sentido. Nada melhor, então, que tomar o velho Braga como modelo. Ele traz dentro de si a utopia realista de um mundo transparente, sem pompas, sem falsificações, sem milagres. Mas esse é também um mundo exuberante, farto, feliz. Nada melhor, para entendê-lo, que esquadrinhar a alma do cronista. Acompanhar seus passos na cobertura, suas idas e vindas, suas alegrias e decepções, suas visitas sempre carregadas de entusiasmo e de dramas íntimos. Acompanhá-lo pela cidade que ama, pela história que o atravessa, pelas franjas do tempo. O cotidiano, para Braga, é construído a partir de pequenos, imperceptíveis tesouros. A felicidade é feita de miudezas. O cronista busca a alegria mínima, que habita as frestas do dia a dia. A felicidade em farelos, que pode ser movida com um sopro, como a terra que gruda, agora, em suas sandálias.

CRÍTICA

Rubem Braga tem um padrão para o crítico literário: o esbravejante Agripino Grieco. Assusta-se com a maneira fácil com que escritores de qualidade elogiam falsos talentos, só por gentileza, por desfastio, para não se aporrinharem. Por isso sente falta de Grieco, um homem que jamais teve medo de dar os nomes corretos às coisas e de colocar os escritores brasileiros em seus devidos lugares — os medíocres aqui, os apenas medianos ali, os gênios apenas um pouco acima. Os amigos, então, lhe perguntam: por que não ocupa o lugar de Grieco? Por que não se vale de sua vocação para a objetividade dilacerante e escreve crítica literária? Braga sabe que isso não é para ele e que, quando fala dos escritores omissos, está incluindo a si mesmo. Não quer ser perfeito e não pode tudo. Prefere admirar Grieco à distância e perder-se no vazio que ele deixou. Mas sabe muito bem o quanto ele faz falta.

CRÔNICA

Braga é, antes de tudo, o cronista de um Brasil provinciano, ingênuo e não tocado pela mancha da maldade. E um cronista minucioso. É capaz de interromper um raciocínio e perder horas a fio de trabalho para ter certeza do nome correto de um fruto, ou da cor de um passarinho. Escreve com a delicadeza de um miniaturista. Um cronista, por fim, é isso mesmo: lida com realidades mínimas, sentimentos imperceptíveis, arranca suas histórias de um quase nada. Podemos ver o Urso recostado na murada, plácido, olhar perdido no infinito que recobre o mar, e logo depois imprimindo no caderno que tem no colo o traço de uma única palavra, que levou um tempo enorme para pescar, como se aquelas poucas letras tivessem a força de um tubarão feroz. Podemos vê-lo, agora, deliciado, com aquela pepita de letras embalada no colo, para lá e para cá, como um ser que acabou de nascer e a quem a idade nos obriga a proteger e consolar. Para Rubem Braga, escrever é uma atividade torturante. Quando lemos suas crônicas, temos a sensação falsa de textos fáceis e fluentes, que surgiram naturalmente, sem nenhum esforço, quase como uma conversa jogada fora. Mas essa impressão é apenas metade da verdade — aquela que fica com o leitor. A outra metade, a que fica com o cronista, é bastante incômoda. O Urso se levanta, ronda pela sala, ajeita uma moldura fora de linha, dá voltas, remexe nas plantas, assobia. Por fim, volta à rede e ao caderno para anotar meia dúzia de linhas. Agora podemos aproveitar que ele se levantou para nova volta pelo jardim e dar uma espiada em seus originais. A escrita é suja, remendada, bordada por garranchos e riscos grosseiros. Há palavras dependuradas nas margens, palavras empilhadas sobre palavras, anotações transversas, comentários rasantes para si mesmo, do tipo: "Está péssimo", "Reescrever correndo", "Cortar". O cronista é impiedoso consigo mesmo, e é dessa rigidez e impaciência que nasce o texto elegante e fluente que tanto gostamos de ler.

Em 1978, Rubem assina contrato com o jornalista Mauritônio Meira para escrever uma crônica semanal para a *Revista Nacional*, que tem uma tiragem de 400 mil exemplares e sai, aos domingos, encartada em jornais de vários pontos do país. Assinará na revista, até sua morte em 1990, perto de oitocentas crônicas. Mauritônio é ligado aos militares que começam a deixar o poder. Tem no alto de sua mesa de trabalho uma fotografia oficial do general João Batista Figueiredo. Rubem não se importa com essas condecorações. Passa a receber um salário-mínimo por semana. O número 1 da *Revista Nacional* sai no dia 2 de dezembro de 78. Rubem Braga escreve até o dia de sua morte. Pouco antes de ir para o Hospital Samaritano, onde morreria horas depois, ainda despacha o último original para a redação da revista.

Braga e Mauritônio se conhecem nas mesas do Antonio's e do Florentino. Um ritual se fixa a partir dali: sempre que chega ao bar, Mauritônio vai ao balcão e telefona para a cobertura, convocando o Urso para uma rodada de bebida. Assim que ouve a voz do amigo, Braga diz: "Mauritônio Meira, sem Eira, nem Meira." O diálogo se repete sempre igual: Mauritônio o chama para uma bebida, mas ele só consegue dizer: "Vou pensar." Dez minutos depois, está no Antonio's. Se, ao contrário, responde: "Hoje não posso", é porque está dominado pela tevê. Braga passa o dia diante da tevê, persignando o controle remoto na mão direita, como um rosário eletrônico.

Em 1989, em sua coluna da *Revista Nacional*, ele apresenta a seguinte definição informal e definitiva da crônica: "Respondo que a crônica não é literatura, e sim subproduto da literatura, e que a crônica está fora do propósito do jornal. A crônica é subliteratura que o cronista usa para desabafar perante os leitores. O cronista é um desajustado emocional que desabafa com os leitores, sem dar a eles oportunidade para que rebatam qualquer afirmativa publicada. A única informação que a crônica transmite é a de que o respectivo autor sofre de neurose profunda e precisa desoprimir-se. Tal informação, de cunho puramente pessoal, não interessa ao público, e portanto deve ser suprimida." Não pode ser mais exigente consigo mesmo e com seu ofício.

Décio de Almeida Prado oferece uma das mais precisas definições já cunhadas para a crônica segundo Rubem Braga: um gênero que flutua entre o real e o imaginário. Décio escreve: "O cronista, se tem em mente algum fim, algum objetivo — o pressuposto é que não possua nenhum —, deve conduzir-nos a ele sem que o percebamos, movido, aparentemente, pelo método menos metódico que existe: o do assunto puxa assunto." A crônica exige, pois, um espírito flutuante, capaz de pegar a realidade sem fisgá-la frontalmente. E uma leveza de espírito e uma descontração e uma disponibilidade que parecem ser, na verdade, aquilo que Braga tem de melhor. Pode-se pensar se também sua cobertura em Ipanema não cumpre a função de posto intermediário entre a dureza da realidade e o mundo fantasioso que ele guarda dentro de si. Nesse sentido, a cobertura funciona como uma espécie de purgatório. Ali, naquele hiato de concreto e plantas erguido sobre um prédio de Ipanema, homens e mulheres podem se livrar das asperezas do mundo e se preparar para a felicidade. A cobertura é o ideal da crônica transplantado para o real.

A crônica, para Braga, mais que um gênero literário, é parente próxima do bate-papo e da conversa-fiada. Defende essa verdade até seus últimos dias, quando publica uma crônica semanal, sempre aos sábados, no jornal *O Estado de S. Paulo*. Adota para si uma definição construída por seu amigo Manuel Bandeira: "Ser cronista é viver em voz alta." Não se importa com os protocolos do gênero. Não pratica, a rigor, gênero algum. A crônica é, para ele, um método de confissão. Espanta-se, às vezes, que o resultado, transformado em escrita, possa interessar a tanta gente. A rigor, ela deveria ser apenas um sopro interior que tem o papel como trampolim. Um desafogo.

Em tempos remotos, torna-se amigo de Café Filho, que o acompanha em muitas médias com pão e manteiga nas leiterias da Galeria Cruzeiro e para quem escreverá, mais tarde, vários discursos. Em meados dos anos 50, o presidente convida seu *ghost writer* para uma conversa. "Preciso de sua ajuda", diz, em tom decidido. Braga dá o troco: "Agora é hora do senhor me ajudar, presidente." Café Filho quer que ele assuma o posto de chefe do escritório comercial do Brasil no Chile. Braga não se interessa por cargos públicos, teme os protocolos rígidos e as exigências de bom-senso e equilíbrio, mas o presidente o faz ver que não se trata de uma escolha, e sim de uma convocação. Não tem como recusar o convite e viaja, pouco depois, para Santiago do Chile.

Durante a temporada chilena, o cronista compra um pequeno terreno, coberto por pinheiros, nas imediações da capital. "Por que comprar um terreno no Chile?", um amigo pergunta, entre dois goles de uísque. "Essas coisas vendidas a prestação a gente sempre compra", justifica. E, depois de breve suspiro, acrescenta a parte mais verdadeira: "Além disso, a moça que me vendeu o terreno era tão bonitinha..." Um dia, sem grande esforço, desfaz-se do terreno para comprar quadros do pintor chileno Antuñes. Agora sim o negócio faz sentido.

Afonso Arinos, o chanceler de Jânio Quadros, o chama, em 1961, para outra conversa decisiva. Anuncia que Jânio deseja transformá-lo em embaixador e que ele deve escolher, sem demora, entre o Marrocos e o Irã. Braga escolhe o Marrocos simplesmente para ficar, assim, mais próximo da Europa. Pode ser visto de fraque, circulando pelas recepções do governo marroquino, num país em que as mulheres são tratadas como objetos que devem estar sempre cobertos por véus e a bebida alcóolica só pode ser consumida às escondidas. Fica no Marrocos apenas alguns meses, já que Jânio renuncia em agosto de 1960.

Em Casablanca, o cronista vive em uma casa modesta, construída por um arquiteto suíço que ele reputa, no mínimo, carente de imaginação. Passa noites de insônia debruçado em um imenso rádio tentando captar, sem sucesso, as ondas da Rádio Tupi, do Rio de Janeiro. O que mais o atormenta, na África, é a impossibilidade de dar nomes aos pássaros. A língua, conclui, é a mais poderosa das barreiras. O Urso sofre bastante, também, com os costumes islâmicos. "Às vezes, tenho a sensação de que estou em um convento", gosta de comparar. Nas recepções oficiais, é obrigado a se contentar com saudáveis sucos de graviola e de abacaxi. As mulheres são inacessíveis. Traz de Paris, sempre que pode, suas amigas Mimi Ouro Preto e Vera Barreto Leite, que o acompanham em reconfortantes temporadas de férias. Mas também costuma agir como um bom pudico. Mantém, ao longo de toda a vida, uma rede de disfarces para preservar as amizades femininas. Um poema dedicado a Mimi Ouro Preto, por exemplo, é batizado "Lili".

Mais de vinte anos depois, Braga deixa o abrigo seguro de sua cobertura para revisitar o Marrocos. Pega o voo Rio-Casablanca, da Royal Air Marroc, agora sem escalas. Encontra um país mudado. Antes, havia o domínio francês. Em sua época de embaixador, Braga tenta matricular os dois filhos de seu motorista numa escola francesa, a Paul Cézanne. Quando os diretores descobrem que as crianças não são brasileiras, negam a matrícula. Agora, não: o Marrocos está tomado por um franco sentimento de amor nacional. Um ano antes, uma sangrenta repressão a um protesto popular em Casablanca deixa marcas fundas de sangue. O Urso encontra um país orgulhoso, mas dilacerado.

O rei do Marrocos, Hassan II, é um homem todo-poderoso. Ao evocá-lo, Braga se lembra de uma história. Estamos em fins dos anos 50. Em uma solenidade oficial, o presidente Juscelino Kubitschek é apresentado ao príncipe marroquino Moulay Hassan — o rei de agora. Depois da cerimônia, recolhido a seu hotel, Juscelino conversa por telefone com um ministro brasileiro. "E o príncipe?", o ministro deseja saber. "Ele é um caboclinho muito simpático", responde J.K. Moulay Hassan, o caboclinho, agora é um rei feroz e temido. Braga encontra os marroquinos mais retraídos, mais reservados — machucados por feridas deixadas por uma história cheia de invasões e ataques estrangeiros. O país, apesar disso, é um paraíso do turismo. O cronista anda pelas ruas de Marrakech, um oásis em plena África, e se espanta com a força de persuasão do tempo, que sara todas as feridas e inverte todos os sentidos.

Anota um pensamento de Bernard Shaw: "Se você concorda em se sacrificar por aqueles a quem ama, acabará por odiá-los." Lê o que copiou. É um homem diante de seu espelho.

Elegância

A conselho da amiga Tônia Carrero, Braga viaja para Gramado e se interna no hotel-clínica Kur. Frequenta a piscina aquecida, toma duchas, faz sauna e massagens, submete-se à dieta vegetariana. Em uma semana, emagrece quatro quilos e 700 gramas. Tônia, no mesmo período, havia perdido seis quilos. "As mulheres são mais fortes que os homens", conclui. "Nós, somos uns fracos de bigodes." Braga pensa que os homens, na verdade, não foram criados para a elegância. Essa vaidade, antinatural, lhes serve apenas como instrumento de tortura íntima. "Homens nascem feios e existem para ser feios", diz. A fealdade, transformada em atributo da virilidade, se torna assim um valor que os homens devem, antes de tudo, preservar. A elegância, uma simples ilusão para agradar o coração das mulheres.

Endereços

"Um lugar", alguém lhe propõe. "São Paulo", ele responde. A capital paulista lhe traz excelentes lembranças. Na praça Júlio de Mesquita, Braga é vizinho de Oswald de Andrade. Na cobertura de Oswald, ouve o discurso em que Getúlio Vargas lança o Estado Novo. Mais tarde, na praça Marechal Deodoro, divide um pequeno apartamento com Jorge Amado. Aliam-se para enfrentar o presente. Aluga, depois, um apartamento de fundos na avenida São João e tem que conviver, madrugada adentro, com o barulho da sinuca jogada em um salão no andar térreo. Mora na rua da Consolação, em apartamento vizinho a uma fábrica de colchões que, hoje, não posso mais dizer se chamava Ao Dormir Sorrindo ou Ao Sorrir Dormindo. A memória se embaralha.

No Rio de Janeiro, terminada a vida de pensão, Braga se aproxima aos poucos de sua cobertura. Primeiro, monta casa no Posto Seis, em Copacabana. Depois, se muda para um pequeno apartamento na rua Prudente de Morais, em Ipanema, nas vizinhanças do bar Veloso, futuro Garota de Ipanema. Sobe-se de elevador até o quarto andar; depois uma escadinha leva até a porta do apartamento. Essa velha água-furtada é uma espécie de prenúncio pobre da cobertura. Na parede da sala, Ceschiatti desenhou algumas índias nuas sobre uma fotografia tomada por Jean Manzon. O futuro se anuncia. Por fim, compra seu apartamento de cobertura, um duplex na rua Barão da Torre, em Ipanema. "São duas visões opostas, o mar e a favela. Mas essenciais, como a rua, a praça e a praia, com tudo o que tenham de mais banal e de mais patético", escreve, muitos anos depois, Otto Lara Resende. Braga assina embaixo.

Estilo

Rubem Braga é o único escritor brasileiro que não precisa de assunto para escrever bem. "É o único escritor que conheço que, mesmo sem assunto, tem o que dizer", define Joel Silveira. "Ele vai te enrolando com as palavras, enrolando, enrolando, e quando você percebe está maravilhado, mesmo sem saber com o quê." O segredo do cronista está desvelado.

Uma frase de Winston Churchill sobre o estilo, em particular, o fascina: "De um modo geral, as palavras curtas são as melhores, e as palavras velhas, quando curtas, são as melhores de todas." O ideal seria, provavelmente, uma língua de palavras primordiais e silenciosas. Composta de emoções e de grunhidos.

Braga gosta de relembrar uma história lendária a respeito de Júlio Verne. O gabinete de trabalho do escritor em Paris é caótico, tomado por mapas, compêndios, livros científicos, gráficos, árvores genealógicas, esquemas de escrita. Para não perder a folha em que está escrevendo, Verne tem um método infalível: ao terminar de encher uma página, levanta-se um pouco, põe a folha na cadeira e volta a sentar-se sobre ela. Há um comentário de Jean Prasteau a respeito que interessa ao Urso em particular: "Um método como qualquer outro de dar calor ao estilo." Também ele sabe que o estilo está entranhado em suores, humores, fluidos corporais. O estilo é um animal vivo, que deve ser contido e alimentado. Nada mais incompatível com a ideia fácil de inspiração.

O estilo tem um compromisso fundamental com a realidade. Braga tenta ganhar dinheiro, em raros momentos, como publicitário. O redator de publicidade é um homem de possibilidades magras e de futuro previsível. Passa horas a fio debruçado sobre uma folha de papel em busca de uma única frase, aquela que vá vender melhor o produto que lhe foi destinado. Não se dá bem com a profissão. Mas alguns aspectos da publicidade ficam incorporados à sua escrita: a concisão, a precisão, a clareza, a economia verbal, a disciplina. Decide que a publicidade é o "serviço militar" do escritor.

Seu estilo fácil e coloquial de escrever esconde, no entanto, uma árdua elaboração. Já em 1961, o prestigiado crítico Willy Lewin pode notar: "Ninguém se engane com sua *facilidade jornalística*. Essa facilidade, aliás, não existe. A prosa de Rubem Braga é o resultado de uma cuidadosa elaboração, de uma precisa e invejável construção artística." Poucas coisas nesse mundo são mais complicadas que a simplicidade.

EXTREMOS

O Urso é um ser de extremos. Às vezes é impaciente, rude, capaz de grosserias terríveis; outras vezes, muitas vezes, destila imensa doçura. Ainda aqui, Braga se submete aos instintos, exatamente como faria um animal selvagem. É mais um felino que um Urso, já que aceita longos carinhos, mas é capaz de botes repentinos e imprevisíveis. Braga não tem o hábito de medir a consequência de seus atos impulsivos. Depois, chocado consigo mesmo, recolhe-se. O medo dos próprios impulsos, que a ele mesmo tanto assustam, parece ser o avesso das crises de silêncio que o acometem.

Por detrás do camponês, esconde-se um nobre. Não é sua, porém, a nobreza dos reis. Sempre se recusa a visitar Versalhes. Um dia, por fim, cede ao que lhe parece ser um lugar comum, monótono e vazio, das regras turísticas. Sente-se absolutamente triste. Saber que ali viveu Maria Antonieta, que ali foi agarrado Luís XVI, que ali Mirabeau ergueu a voz, tudo isso o deixa melancólico. Entristece-se nos jardins geométricos de Versalhes, em tudo o oposto da pequena selva que cultiva em sua cobertura. "Nem no deserto haverá distâncias tão longas como essas inventadas por Le Nôtre, essas linhas retas que somem para o infinito", escreve. Prefere o aconchego da desordem. Mas aquele era um tempo, admite, em que ainda havia esperança. Sente-se, então, nostálgico do fidalgo que nunca foi.

Títulos de nobreza jamais o seduzem. Em seu primeiro livro, *O conde e o passarinho*, de 1936, na crônica que dá título à obra, escreve: "A minha vida sempre foi orientada pelo fato de eu não pretender ser conde." Ele a escreve aos 22 anos de idade. A denominação de "Príncipe da crônica", cunhada mais tarde pela imprensa, apesar de toda a boa intenção de seus usuários, o deixa profundamente irritado. Sabe o quanto ela contém de nobres sentimentos, mas a considera descabida, exagerada e quase ofensiva.

FLORES

Braga se dá uma tarefa: pesquisar na literatura universal versos dedicados a cantar a beleza das flores. Ou, como prefere dizer, "versos para fazer companhia às flores". Consegue engajar dois voluntários em sua pesquisa: o amigo e cronista Paulo Mendes Campos e a artista plástica catarinense Sônia Schuller. Podemos começar com versos do próprio Campos: "Pelas atonalidades/ das perpétuas, das saudades,/ pelos goivos de meu peito,/ pela luz do amor perfeito/ vou te buscando." Há Guilherme de Almeida: "Ser como as rosas: bocas vermelhas/ que não disseram nunca a ninguém/ que têm perfumes... Mas as abelhas/ e os homens sabem o que elas têm." Também Augusto Frederico Schmidt: "A Beleza não morre./ Deus recolhe as flores que o tempo desfolha." E ainda Fagundes Varela: "Quando a flor do sertão, aberta a medo,/ Pejar os ermos de suave encanto,/ Lembre-te os dias que passei contigo,/ Não te esqueças de mim, que te amo tanto." Quanto a ele, prefere evitar o tema o mais que pode. Julga que a escrita não está à altura de uma beleza tão branda como a das flores.

FRASES

Braga é um obstinado colecionador de frases e citações. Na página nobre que assina na *Revista Nacional,* volta e meia, há uma seção: "Frases dos outros". As escolhas são sempre deliciosas. E dizem muito, como é inevitável, a respeito do homem que as escolheu. Na coleção da revista, colhemos uma frase ao acaso: "Aquele cuja face não dá luz jamais se tornará uma estrela." Como ler essa sentença de William Blake e não se lembrar do homem que a pinçou?

Hipocondríaco do espírito, adota muitas dessas frases para seu uso particular e lhes atribui a força das condenações. Mas trama, ele também, suas frases célebres. Observem essa autodefinição curta e impiedosa: "Enfim, tenho gasto um dinheirão, como diria um burguês grosseiro."

Há uma frase de Arthur Rimbaud que guarda como um talismã da arte de viver: "Não desça demasiado profundamente em si mesmo, para não encontrar a lama da melancolia, fundo de todos os pensamentos."

GENEALOGIA

A fama acaba, sempre, por borrar a genealogia. Isso acontece com princesas, condes, presidentes, astros do cinema, roqueiros célebres, mas também com cronistas. Rubem Braga não poderia estar imune. Certa noite, entre dois goles de uísque no jardim suspenso, Millôr Fernandes, querendo passar a limpo uma antiga fofoca de amigos, pergunta ao Urso: "Que história é essa do Roberto Carlos ser teu sobrinho?" O cronista não se inquieta. Sua resposta, em vez de defensiva, multiplica a detração ao absurdo: "Não é verdade, porque ele não é Braga. Aliás, nem eu mesmo sou Braga." A revelação mexe em um ninho de boatos, rumores, inverdades e meias-verdades a respeito de suas origens. Primeiro, produz ela também uma maledicência: a de que o compositor seria filho de um certo Braga, objeto de um mau passo da mãe. Quanto a Rubem, os rumores malignos atingem sua avó paterna, que teria vivido perigosas aventuras com um certo Almada, o pai verdadeiro do pai do cronista. "Eu seria, na verdade, Rubem Almada, e não Rubem Braga", o Urso conclui, rindo da hipótese que acaba de traçar. Sabe que, nessas horas, fraco, cede apenas ao roldão de inverdades e delações que envolve a vida dos homens famosos. Odeia tudo isso. Só lhe resta exagerar e rir.

GUERRA

O Urso ouve um estrondo. Fogos? Um tiro? Alguma pequena explosão doméstica? Não se inquieta. Ergue-se, dá uma volta pela varanda, volta à poltrona. Fecha os olhos e divaga. Sua cabeça se enche, então, de lembranças de guerra. Em 1931, aos 18 anos de idade, o cronista está cursando o Tiro de Guerra. O leitor não deve se impressionar muito: toda a sua cultura militar se restringe ao perfilar vacilante durante ordem unida e ao desmonte da culatra de um fuzil de 1908. Em 32, vai pela primeira vez para o *front.* Estamos na

Revolução Constitucionalista, que dura apenas quatro meses. Em junho, os paulistas invadem Minas Gerais e ocupam várias cidades. Braga viaja em um trem atulhado de soldados e de poeira rumo à região do Túnel da Mantiqueira, que permanece com os paulistas até meados de setembro. É correspondente de guerra das forças legalistas. Pela primeira vez na vida, depara-se com tiros de verdade e a desgraça que são capazes de produzir. É o seu batismo de fogo.

Volta à guerra, dessa vez à Grande Guerra, em setembro de 1944, como correspondente do *Diário Carioca*. Acaba de separar-se da mulher, Zora, está apaixonado por Bluma Wainer — já brigada com o marido Samuel — e atravessa uma fase de sentimentos ambíguos, exacerbados pela fragilidade psicológica e física. Sua grande ansiedade no *front*: a hora da chegada do correio, com possíveis cartas de Bluma. Joel Silveira, que viaja vinte dias depois a seu encontro, leva a seu pedido alguns maços do cigarro Iolanda — um clássico da linha mata-ratos. Mas logo se arrepende do presente, pois o Urso fuma muito e tosse mais ainda. Os correspondentes têm direito a cotas de cigarro. Joel troca sua cota de cigarros por alimentos. Braga, parte de sua cota de alimentos por cigarros. "Veja como é a guerra", Joel ri. "Eu como e você fuma. Cada um com seu vício." Braga passa, ao todo, oito meses na frente de batalha. Enfrenta temporadas de frio rigoroso, com temperaturas de até dez graus negativos. Para piorar, indisposto com o cardápio de guerra, frequentemente se recusa a comer. É um príncipe nas trincheiras.

Viaja com o título de "capitão", enquanto seu amigo Carlos Scliar, futuro pintor de prestígio internacional, é "cabo-artilheiro". Enrolado em cobertores de lã, Braga vara a noite no QG da Força Expedicionária Brasileira, nos Apeninos, escrevendo seus relatos de guerra, crônicas que se interessam mais pelos homens do que pelas armas e bandeiras que empunham. Enquanto isso, seus amigos Joel Silveira, do *Diários Associados*, e Egydio Squeff, de *O Globo*, dormem. O Urso passa as noites inquieto. Bate rápido algumas linhas na máquina portátil, para, respira fundo, acende um cigarro, suspira, fala qualquer coisa, volta, bate mais algumas linhas, até que a crônica chega ao fim.

Na noite silenciosa e pacífica de sua cobertura, muitos anos depois, Braga não muda o estilo de trabalho. Podemos vê-lo como se estivesse no *front*: sem luxos, carregando uma velha máquina portátil, com lápis roídos e folhas soltas de papel branco. Precisa de muito pouco para criar. Na verdade, precisa apenas que o deixem em paz. O campo deve estar livre, então, para as flutuações de seu humor. Jamais soube escrever de outra maneira que não fosse aos saltos, numa meditação cheia de hiatos e intervalos, de suspiros e comentários perpendiculares, de pausas sem qualquer significado.

Mas voltemos à guerra. Na primeira vez em que conduz o amigo Joel a uma visita à frente de batalha, em dezembro de 1944, os três amigos chegam a Riola, no topo gelado dos Apeninos, e entram no castelo de Rochetta Mattei. Segundos depois, um enorme fragmento de granada adentra pela janela, passa por sobre a cabeça dos três companheiros e se encrava em uma parede. Joel Silveira guarda, por toda a vida, aquele pedaço de granada como troféu de uma aventura. Braga, mais sutil, prefere guardar apenas a aventura na memória.

O Urso está na frente de batalha com um único objetivo, nada belicoso: deseja fazer "a narrativa popular, honesta e simples, da vida e dos feitos de nossos homens na Itália". Tal projeto parece, diante da violência das ações militares, totalmente despropositado. Mas ele não se constrange. Seu segredo: aproximar-se o mais possível da ação sangrenta e dos atos de heroísmo e desespero sem se desconcentrar e sem se deixar influenciar pelas racionalizações políticas. Agir como um retratista comum, um lambe-lambe do humano.

Talvez a guerra seja apenas isso: um momento em que o humano se incha e se esgarça, deixando sair o pior do homem de dentro do homem. Braga não se atemoriza com os riscos que corre. Carrega consigo sua histórica placidez, mas também não esquece de levar sua fúria em relação à brutalidade e à crueldade. Não pode aceitar a guerra e, por isso, prefere se fixar nas pessoas. Como se não houvesse paisagem alguma a distorcê-las, como se fosse possível acreditar em homens puros e atemporais, acima das circunstâncias, experimentando seu destino trágico.

Estamos outra vez no *front*. Enquanto Joel Silveira, como um repórter clássico, tem a obrigação de se ater à objetividade do noticiário, Braga usufrui o direito literário de escrever histórias irreais, de colocar a fantasia acima do sangue e delirar. Desgastado com suas funções de repórter e com suficiente dose de álcool no espírito, Joel lhe confidencia: "No íntimo, eu tenho a maior vontade de que você morra." Braga exige uma explicação para aquela confissão malévola. "Eu pensei que você fosse meu amigo", diz, irritado. "E sou", Joel reafirma. "Mas, com você a meu lado, eu quero mentir e não posso." Na guerra, território por excelência da crueza, a mentira é um tesouro que se destina a muito poucos. Um dia, é inevitável, vem o risco de vida. Ao lado de Raul Brandão, correspondente de *O Correio da Manhã*, Braga resolve atravessar as linhas alemãs, aproveitando que os inimigos estão em fuga. Os dois vão de jipe, acompanhados por um motorista italiano. São, porém, atacados por uma coluna alemã retardatária. O motorista, em raciocínio ágil, atira o jipe em uma vala. Na manobra brusca, Braga é jogado para fora do carro e esmaga o peito e a mão. Salvo, é internado em um hospital em Bolonha e tem sua volta ao Brasil imediatamente definida. Assim que melhora, entretanto, foge novamente para a frente de batalha e ainda pode ver, como prêmio por sua coragem, as comemorações pelo fim da guerra. Brandão fratura o fêmur. Fará depois várias cirurgias e, até o fim da vida, puxará de uma perna. Braga, com mais sorte, guarda apenas escoriações no rosto e um polegar fraturado.

A guerra também é um terreno fértil para as grandes amizades. Braga se aproxima de Carlos Scliar, a essa época um simples cabo de artilharia que, nas horas de folga, frequenta os museus de Florença. O cronista se impressiona com a força de Scliar, um homem que, apesar dos horrores militares, consegue manter o senso de beleza.

Consegue ter, em plena guerra, alguns momentos de paz. Braga e Joel estão em Pistoia, norte da Itália. Descobrem que Clarice Lispector, casada com o cônsul Maury Gurgel Valente, está vivendo em Nápoles. Braga decide que não vai perder a chance de visitá-la. Precisa da beleza de Clarice para se recuperar um pouco dos pavores da batalha. Joel, um pouco inquieto, decide acompanhá-lo. Na primeira oportunidade, os dois amigos viajam 900km, de jipe, através de estradas precárias e esburacadas pelos bombardeios, em pleno inverno, só para visitar a escritora. Um discreto sargento os acompanha, no papel de motorista. Fazem breves paradas para descanso em Siena e depois em Roma. No mais, seguem em frente. Clarice os recebe surpresa e serve licores sofisticados.

"Clarice, La Principesa di Napoli", o Urso repete, inebriado. Não podem ficar mais do que uma noite. "Uma viagem tão longa, só para um licor", Clarice diz, encantada. "Clarice, La Principesa di Napoli", Braga repete. A escritora vai para a cozinha e prepara um jantar italiano, com deliciosas pastas e berinjelas gratinadas. Gurgel Valente, homem muito reservado, quase não fala. Prefere ouvir. Parece não estar gostando, mas nem Clarice pode saber. Já de madrugada, Braga e Joel vão deitar. Na manhã seguinte, bem cedo, depois de um café reforçado, tomam o caminho de volta ao Norte. "Clarice, La Principesa di Napoli", o cronista vai repetindo, ao longo da estrada.

Depois que retorna ao Brasil, Rubem Braga transforma a guerra em um assunto tabu. Muitos anos mais tarde, aceita, numa exceção, um convite da revista *Realidade* para voltar à Europa e escrever uma reportagem sobre "Os caminhos da FEB". Mas só o faz porque deseja viajar e não tem dinheiro para as passagens. Antes da viagem, enche-se de dúvidas e de uma vaga melancolia. A memória volta a incomodá-lo. Na Itália, esnobando seu silêncio e sua pose de intelectual, os colegas o chamam de "o Rocha Pombo da FEB", em referência ao historiador, morto em 1933 e autor da célebre *História do Brasil*. O apelido, cheio de pompa, não é justo. Na frente da batalha, Braga só conversa com os pracinhas e esnoba os generais e outras patentes do Estado-Maior. Seu personagem predileto — basta percorrer as crônicas de guerra para ver — é o pracinha camponês, o Jeca Tatu perdido no *front*, e só raramente o pracinha urbano mais ilustrado.

Braga ainda não decidiu se aceita o convite de *Realidade*. Vai andar um pouco, para pensar. Na rua Visconde de Pirajá, cruza com um cavalheiro adornado por estranhas suíças e a barba em ponta. Vem-lhe, de imediato, mais uma recordação de guerra. No *front*, entediados com a vida militar, os soldados ingleses se transformam em especialistas em estripulias faciais. Cultivam suíças imensas, andós despropositados, costeletas quase indecentes. Deformam a face, num exercício narcísico que os ajuda a esquecer do presente. O cronista pensa que essa é também a maneira de que esses homens dispõem para demonstrar seu desprezo pelas grandes causas e seu cansaço. Esculpindo os pelos do rosto em formas cruéis, como adolescentes dispostos a matar papai e mamãe, eles destoam da uniformidade e do rigor que regem a vida militar e tornam-se arrogantes e desafiadores. Na FEB, ao contrário, há uma norma rígida para os cabelos e todos os soldados se veem metidos em desagradáveis cortes do tipo "príncipe danilo". Os bigodes, as barbichas e outros arabescos faciais estão terminantemente proibidos. Braga não consegue afastar o pensamento daquele velho homem que exibe suas suíças como um troféu de guerra. Sente-se, diante dele, um homem excessivamente comum. "Mudar de cara todo dia não é um ato muito masculino", anota assim que volta à cobertura. Exército, na verdade, era o nosso.

Fins de abril de 1945. Braga viaja de jipe pelas imediações de Bolonha, acompanhado por um correspondente de guerra inglês, quando cruza com uma pequena tropa norte-americana que grita: "The war is over!", "The war is over!" Um dos soldados lhe passa, então, um exemplar do *Stars and Stripes*, um jornalzinho de guerra americano, que traz estampada na primeira página uma fotografia que mostra Benito Mussolini e Clara Petacci dependurados pelos pés em um posto de gasolina de Milão. Estão mortos. Agora é verdade.

Além do horror aos chatos, Braga tem outras repulsas fundamentais. Joel Silveira, sempre capaz de arrancar do cronista as melhores declarações, o provoca: "De que coisas você menos gosta?" Ele não pensa muito. "Cebola", diz, referindo-se mais ao cheiro que se entranha em tudo, e extermina todos os outros, do que propriamente ao gosto. Medita um pouco e, com sua sinceridade abissal, completa: "E mulher velha." Joel não pode resistir e o provoca: "Mas elas não servem nem como uma imagem da mãe?" O Urso é definitivo: "De mulher velha, não gosto nem de ganhar beijo no rosto."

Braga é um conservador e, por isso, tem horror também a desconhecidos. Para ele, amigos são os velhos amigos e esses bastam. "Você não dá uma chance a ninguém", Joel contesta. "Ter que suportar vocês já é o bastante", responde, desaforado. Tem horror especial aos literatos, homens com as falas cheias de citações, de referências ocultas e de estilo que vêm procurá-lo para uma conversa "de escritor para escritor". Se alguém quer ofendê-lo, basta chamá-lo de "grande cronista". Não é preciso mais.

Tem horror, em decorrência, à Academia Brasileira de Letras. O telefone toca. É Joel Silveira. "Estou pensando em me candidatar à Academia. O que você acha?" O amigo quer ocupar a vaga de Genolino Amado que, como ele, também era sergipano e jornalista. "Quem vai concorrer?", Braga pergunta. Ouve dois outros nomes. Silencia. "Em que você está pensando?", Joel insiste. "Acho perigoso", o cronista diz, simplesmente. "Perigoso por quê?", o amigo argumenta. "Eu posso perfeitamente derrotar dois candidatos." Mas o velho Braga, sempre impiedoso, não deixar passar: "Aí é que está o perigo", diz. "Você corre o risco de ser eleito. Será um vexame." Dias depois, ao se encontrar com Joel, começa a resmungar: "Então você vai entrar para aquele clube." O "aquele" vem carregado de desprezo e de ironia. A ideia da imortalidade o horroriza. "É coisa de vampiro", arremata.

Braga sabe ser pragmático na arte de hospedar. O quarto de hóspedes, que dá para o terraço, é na verdade um cenário reservado que oferece aos amigos para encontros amorosos rápidos e casuais. É um ambiente limpo e pragmático, decorado apenas por um cinzeiro, algumas caixas de fósforo e uma vela para o caso de falta de luz. Esses objetos fazem todo sentido. Atestam a paixão do Urso pela luminosidade, pelas coisas feitas às claras, sem duplos significados e sem ambivalências, sem subterfúgios. Sua noção de conforto também é muito objetiva. Braga é, por excelência, um homem de alma antibarroca. Tudo o que é ornamentado, sobrecarregado, extravagante, o repugna.

HUMOR

Braga tem um humor fino, na maior parte das vezes imperceptível, que vem quase sempre disfarçado em sentimentos quentes como a inspiração lírica, a piedade e a compaixão. Mas, lidos com atenção, vemos em seus textos um forro humorístico quase permanente. Tem um modo doce, desiludido, triste de rir da vida e das complicações tramadas pelos homens, riso que vem não para destruir, mas para distanciar e fortalecer.

Sabe ser humorado, mas não consegue ser irônico. O Urso não tem vocação para as entrelinhas. Por isso, se diverte tanto com as tiradas sarcásticas de um amigo como o poeta e embaixador João Cabral de Melo Neto, que costuma se hospedar na cobertura sempre que viaja ao Brasil. João é um mestre dos duplos sentidos, das insinuações sutis, das nuances da língua. Braga, ao contrário, tem um humor mais literal e menos ácido. Juntos, metidos no doce perambular das palavras, atravessando madrugadas em conversas intermináveis, eles se admiram e se completam.

Ainda assim, Braga é um homem que se exercita um pouco em cada um dos gêneros humorísticos. Não lhe escapa nem mesmo o humor negro, que volta sobretudo contra si próprio. Já no fim da vida, com o diagnóstico de câncer na garganta, Otto o convence a procurar um médico eminente para uma consulta de confirmação. Para não aborrecer o amigo, e só por isso, resolve ir. Otto, zeloso, o acompanha. O cronista tem sua consulta. Na saída, curioso, o amigo pergunta: "O que você achou do médico? Ele te deu alguma perspectiva?" Braga, sem querer tropeçar na autocomiseração, se limita a responder: "Achei ele muito entusiasmado com o meu tumor."

Agora está em viagem a Paris. Descobre, uma manhã, que seu amigo Mauritônio Meira chegou à capital francesa e está hospedado em um hotel vizinho, mais luxuoso que o seu. Como um menino curioso, não perde a chance. Telefona e combina um drinque no quarto do amigo. Assim que chega, Braga vasculha o quarto, sem qualquer pudor, em busca das diferenças que justifiquem a diária mais alta. Finalmente, exausto e insatisfeito, se estica na cama do amigo. Mergulha, então, em uma de suas célebres e frequentes crises de introversão. Mauritônio aguarda. Sabe que ela será interrompida, logo, por mais uma tirada de espírito. "O Brasil é mesmo um país muito atrasado", Braga diz, de repente. "O que você quer dizer com isso?", Mauritônio retruca, apenas para estimulá-lo. "Nada demais", ele diz. E com o sorriso de menino maroto, completa: "É que aqui já são cinco horas da tarde e lá ainda é meio-dia."

Está agora, com o mesmo Mauritônio, em uma sufte de luxo do Hotel Intercontinental, em Nova Orleans. Acabam de chegar à cidade, como convidados de honra para a inauguração da casa. Braga, o eterno preguiçoso, se estira na cama, que está decorada por uma dúzia de travesseiros macios e imensos. Abraça quantos pode e diz: "Com uma cama dessas, a gente não precisa nem de mulher."

Esse humor sem malícia, inocente, também pode ser, no entanto, utilitário. Pode usá-lo, até, para dobrar os amigos. Voltamos, agora, ao Rio de Janeiro. O cronista chega, certa tarde, à redação da *Revista Nacional*. Mauritônio está em seu posto de trabalho, ocupado com um fechamento. "Eu tenho um negócio sensacional para você", Braga diz, na mais completa sem-cerimônia. "O que é? Encontrou a fórmula para ganharmos na loteria?", o amigo responde, meio ácido. Braga o encara: "Não, é algo muito mais fácil. Eu quero aumento." Ganha, é claro, o seu aumento.

Gosta de colecionar grandes tiradas de espírito. Há uma em particular, de autoria de Winston Churchill, que o fascina. O líder político inglês se transfere do Partido Liberal para o Partido Conservador. Uma jovem senhora liberal, indignada, protesta, dizendo que há duas coisas que detesta em Churchill: os bigodes e o novo partido. "Não se inquiete, minha jovem senhora", Winston Churchill reage. "Tudo indica que a senhora não será convidada a entrar em contato com nenhum dos dois." Dois componentes, aqui, fazem o cronista se divertir: a simplicidade e a coragem em exibir o próprio machismo. Braga é um desses homens que julga que machos são machos. Qualquer quebra nessa posição é, no mínimo, motivo para um bom riso.

Há também uma tirada de humor, tomada de empréstimo, agora, a Bernard Shaw, que o estimula a brincar com os lugares-comuns que a vida nos obriga a aceitar. "Faça aos outros aquilo que não queres que te façam; o gosto dos outros pode ser diferente", diz Shaw. Com essa piada, Braga se consola das próprias reações impensadas e intempestivas. Afinal, fazer pequenas maldades, às vezes, pode ser um sinal de vitalidade.

O humor não se desfaz nem mesmo quando o Urso está metido nas intempéries do amor impossível. No *front* da guerra, por exemplo, ele se apaixona por uma enfermeira norte-americana. A moça tem o nome perigoso de Hélice. Tenta seduzi-la de todas as formas. Fracassa. Amor recusado, ele atribui sua derrota, a partir dali, ao nome cortante da amada.

Braga desce até o bar da esquina para um cafezinho. Dá o primeiro gole. Seus olhos se fixam, então, sobre uma bela ginasiana que passa pela calçada, os passos leves como que movidos pela brisa da tarde. Discreto, logo desvia o olhar. Encostado na porta do bar, mais à frente, está um senhor meio gordo, vestido de preto, com uma barbicha desgrenhada e cabeça oblíqua. Quando a menina passa por ele, o velho repete o gesto automático de Braga, mas se entrega ao instinto e a acompanha com os olhos mornos. A menina está a um metro dele, quando o velho, sem se conter, murmura alguma coisa.

Qualquer um pensaria, apenas, em uma gracinha banal, ou talvez em uma pequena indecência. O Urso, não. Naquele momento, o olhar preso à boca gosmenta do velho, ele tem uma estranha impressão. "Deve ser Paul Verlaine", vem-lhe o pensamento. Termina seu café e se aproxima um pouco mais. Braga, sempre disposto a encantar o mundo com pensamentos nobres, mesmo aqueles seus pedaços mais cruéis, imagina assim a gracinha dita por seu Paul Verlaine: "Je t'apprendai, chère petite, ce qu'il te fallait savoir un peu…" Mas o sonho logo é quebrado. Instantes depois, o velho se volta para o cronista e saca alguma coisa do paletó fétido. É um bilhete da loteria. "O cachorro é para hoje", diz. "É só um bilheteiro", Braga pensa. Agradece e, um tanto decepcionado, volta para seu jardim suspenso.

O cronista ronda pela sala, agora já tomada pela escuridão. Depois, se estira no sofá. Pega no sono. De repente, acorda com a impressão de que alguém o chama. Mas não é possível. Está sozinho em casa. Levanta-se, vai à murada, olha para baixo. Ipanema continua a funcionar normalmente. Tem agora a sensação de que uma vizinha, cuja beleza há muito admira, atravessa a rua em direção ao prédio. A mulher foi apanhada, num relance, por uma chuva de faróis de carro. Já na calçada, torna-se apenas uma sombra. O cronista deixa passar um pouco e lhe telefona. Mas ela não está em casa. Foi, decerto, outra impressão.

"Anda mal, o Braga", pensa consigo mesmo. "Ando ouvindo vozes e vendo o que não existe." Aquieta-se. Quinze minutos depois, o telefone toca. É a vizinha. Braga pergunta se era ela, há pouco, quem atravessava a rua em frente ao prédio. "Acabei de chegar em casa", responde. Desanimado, pensa: "Então não era ela." Anda mesmo vendo coisas, o velho Braga. A mulher, no entanto, interrompe suas divagações mórbidas. "Mas é claro!", exclama. "Parei um pouco para conversar com uma vizinha." A impressão se desfaz e se torna fato. O Urso volta para a rede. Agora pode adormecer em paz.

Uma tarde tensa e morna. Braga, sozinho, remexe em suas plantas. As árvores estão imóveis. Um pássaro dá um grasnido desesperado. Começa, por fim, a soprar um vento forte. Uma tempestade se aproxima, mas Braga, homem antes de tudo teimoso, não pretende entrar antes de terminar suas tarefas de jardineiro. As janelas batem. Raios estouram. A chuva começa, por fim, a cair com violência, e o cronista logo está encharcado. Mas não se move. Até que o telefone toca e Braga entra para atender. Alguém reclama da tempestade, essa manifestação irracional da natureza que transforma os homens em formigas, e sugere que, nessas horas, os humanos gritem uns para os outros, como primitivos: "Chuva! Chuva!" O cronista ri. Só depois de desligar, liberado por aquela sugestão meio ridícula, Braga dá dois gritos — "Chuva!", "Chuva!" — e fecha as janelas. O Urso agora se enxuga e arruma alguns papéis espalhados pelo chão da sala. Escurece, mas ele deixa as luzes da cobertura apagadas. Ronda pelo apartamento, ainda inquieto. Há alguma coisa imprecisa que ele, cedendo à intuição pura, precisa vigiar.

INFÂNCIA

Rubem Braga nasce em Cachoeiro do Itapemirim, Espírito Santo, no dia 12 de janeiro de 1913. O século apenas começava. O grande Urso Deitado rememora, em seu posto de observador do tempo, o cenário em que nasceu. Seu pai, o paulista Francisco de Carvalho Braga, é o primeiro prefeito de Cachoeiro de Itapemirim e exerce também as profissões de comerciante e tabelião. A mãe, Rachel Cardoso Coelho Braga, é filha de fazendeiros capixabas. A diferença entre aquela cidade remota e o Rio de Janeiro em que o cronista ergueu seu jardim suspenso começa na simplicidade das cores. Na Cachoeiro da memória, todos os telefones são pretos e todas as geladeiras, brancas. O passado era mais estável e mais uniforme. Mesmo o Rio que conheceu pela primeira vez é outra cidade, que não mais existe. Os restaurantes de sua juventude servem fartas porções de silveiras de galinha, e a sobremesa mais pedida pelos adolescentes é a *petite-suisse* com mel. As senhoras têm sempre na bolsa o último exemplar da revista *Eu Sei Tudo*. O mundo é mais suave, menos apertado, e a vida parece ter mais valor.

A infância é, hoje, um acervo de imagens. A lembrança mais recorrente desses tempos remotos é a fazenda, com seus bichos, formigas, rapaduras e passarinhos. Muitas fazendas, na verdade, se mesclam na memória do grande Urso: a do avô materno, a fazenda de Boa Esperança onde passa suas férias de menino, a fazenda Espírito Santo, onde nascem os irmãos, qualquer uma das imensas fazendas dos amigos da família. Todas embaralhadas e sintetizadas em uma doce e imensa fazenda que o cronista gosta de recordar com os olhos fechados. As tábuas do assoalho gemem. As janelas são amplas. O sol esfaqueia o ambiente. Há uma grande mesa de jantar em torno da qual a família, solene, se reúne. Os homens chegam de cabelos suados e, no descer da noite, alguém acende o primeiro lampião. Há a lembrança da avó, magra e doente, a circular pelo casarão, sempre de olhos semicerrados, como se decifrasse algum mistério. As imagens se embaralham. Lautos jantares, moças de beleza comovente, dramas conjugais, brincadeiras espertas de meninos puros, que correm pela mata, pulam sobre cavalos e maltratam os passarinhos. As crianças são sádicas e as árvores, antigas. Nomes são grafados a canivete nos troncos escuros. O córrego desce pelas pedras e o medo de morcegos e de sanguessugas torna a noite, às vezes, irrespirável. Mas não faltam histórias para contar. Há moinhos de fubá, nuvens pretas e enormes e o medo dos raios e trovões que explodem a paisagem e a todos igualam. O tempo, porém, tem o poder de tragar os restos da infância e, hoje, tudo se dissolve em uma só imagem borrada. "De tudo, ficou apenas uma mesa escura", Braga escreve.

Ele é apenas uma criança. No Centro Operário e de Proteção Mútua, onde cursa o primário, é um menino tímido diante da professora Palmira, em seus vestidos perfumados e com o coque devastador. Vaidoso, o pequeno Rubem não sai de casa sem passar um longo tempo diante do espelho para arrumar os cabelos, como um príncipe. Na casa de Marataízes, onde a família passa as férias, seu esporte favorito é mergulhar à força a cabeça das meninas nas águas do mar. As palavras e as coisas se misturam. Quando os católicos falam em Céu, o pequeno Rubem não pode imaginar um paraíso cheio de trombetas e anjos, mas sim habitado por cães amestrados e passarinhos. Não pode separar, para sua sorte, o céu terreno do Céu maiúsculo e espiritual. Concebe, assim, uma religião naturalista, uma espécie de Terra levada ao extremo, onde tudo é bondade e perfeição. Papagaios contam histórias para os meninos que morreram cedo demais. Tucanos se erguem ao fundo da cena em lugar dos querubins. Animais saltam pelos campos de nuvens. O Céu nada mais é que a natureza exacerbada.

A casa da infância tem o terreno tomado por frutas-pão e cajus. Ao lado da varanda, há uma tamareira. E o quintal é dedicado às frutas comuns como o mamão, o jenipapo, o araçá e o ingá. O menino inveja a larga oliveira que se ergue no Jardim Público, mesmo sabendo que ela jamais deu frutos. Inveja também as famílias que têm a sorte de ter a casa adornada por pés de romãs e de carambolas, troféus de um tempo em que o luxo se mede nos quintais. Podemos pensar que, ao erguer seus jardins suspensos de Ipanema, Braga quis apenas reviver esse éden infantil. Perpetuar a infância que desapareceu para sempre.

No ginásio, é apenas um aluno regular e, nos recreios, um competente meia-esquerda. Aos 13 anos, reprovado em um exame de álgebra no Colégio Pedro Palácios, faz sua primeira viagem: vai até Vitória para prestar a segunda época. Leva na maleta uma tábua de logaritmos. Aprende línguas. Ingênuo, admira o esforço muscular do professor de francês para pronunciar o *u* — um bico, como o de um bule. Tempos que jamais se perdem. Muitos anos depois, ao chegar pela primeira vez a Paris, pega o telefone em busca de uma certa madame Campos. *Ne quittez pas*, a telefonista pede. Não consegue entender aquela que parece ser uma expressão tão usual e elementar, e que seu velho professor, tão bom no *u* francês, jamais se deu ao trabalho de ensinar. Para sua salvação, segundos depois, madame Campos em pessoa atende o telefone e fala em claro e sonoro português. É invadido, então, por uma nostalgia que se confunde com decepção.

Ainda durante o curso secundário, seu irmão Armando funda em Cachoeiro um pequeno jornal, o *Correio do Sul*, que mais tarde se torna bastante conhecido. Braga começa nele sua carreira de cronista, assinando uma coluna chamada "Correio Maratimba". Mesmo depois de sair de Cachoeiro, continuará a despachar pelo correio, primeiro de Niterói, depois de Belo Horizonte, suas colunas semanais.

O jovem Braga só deixa Cachoeiro de Itapemirim graças a uma contingência prosaica: uma briga com seu professor de matemática. O mestre, em certa aula, o chama de "burro". O rapaz vai para casa. "Ou ele, ou eu", diz para o pai, que decide despachá-lo para a casa de parentes distantes, em Niterói. Por conta do desaforo, é expulso da escola. Vai, então, para Icaraí, onde consegue matrícula no Colégio Salesiano. Cachoeiro, porém, viaja encravada em sua memória.

Estamos na segunda metade dos anos 20. Braga é, agora, um rapazola de 15 anos. No Campo de São Bento, em Niterói, lê sozinho poemas de Olavo Bilac, que recita em voz baixa. Cursa o Colégio Salesiano, no bairro de Santa Rosa, e mora na rua Lopes Trovão, em frente ao Campo de São Bento, hospedado na casa da família Paraíso, parentes remotos de seu pai. Niterói ainda é uma cidade singela, sem edifícios. No Campo de São Bento, o jovem Braga passa horas sozinho vigiando o lago e suas árvores. Também sozinho, nada de Icaraí até a Praia das Flechas. Anda pela beira do mar. Pouco depois, o rapaz descobre os versos de Manuel Bandeira. É um achado fundamental. Os versos de Bandeira se confundem, a partir dali, com a vida íntima de Braga: lhe dão lições, o aconselham, o ajudam a pensar e a se decidir. Anos mais tarde, cronista em Belo Horizonte, sente-se recompensado ao descobrir que muitos leitores julgam que Rubem Braga é apenas um pseudônimo de Manuel Bandeira.

Braga recebe, ao longo da vida, muitos convites para escrever histórias para crianças. Sempre recusa. Os poucos relatos que chega a escrever, guarda só para si, e algum consumo doméstico, mas jamais publica. Escreve, porém, as adaptações para crianças de algumas obras clássicas, como *O fantasma de Canterville*, de Oscar Wilde, e *As aventuras prodigiosas de Tartarin de Tarascon*, de Alphonse Daudet. Adaptar, no caso, é uma forma de se proteger.

Estamos em pleno verão. O Urso, em sua cobertura que agora ferve como uma jaula, está inquieto. Otto Lara Resende lhe sugere, então, que esqueça um pouco seus pendores de fazendeiro e reserve um pedaço da cobertura para uma pequena piscina. Empolga-se com a ideia. Encomenda projetos, faz orçamentos, separa algum dinheiro. Otto viaja. Quando retorna, semanas depois, vai visitar o cronista, certo de que poderá dar seu primeiro mergulho. Não há piscina alguma. "O dinheiro não deu?", pergunta, em tom de lamentação. "Não é isso", Braga explica. "Pensei bem e decidi me livrar do inferno." Otto não sabe o que pensar. Antes que o amigo exija uma explicação, diz: "Você já pensou chegar em casa, cansado, e encontrar a piscina cheia de netos?"

Acha que as crianças não devem ser nem aduladas em excesso, nem perseguidas com exageros. O ideal é que, simplesmente, as deixemos quietas. Adota para si uma sentença de Jacques Prévert, que justifica tanto seu amor, como sua indiferença pelos netos: "As crianças têm tudo, menos o que lhes tiramos."

INIMIGOS

Um inimigo certo é Mário de Andrade. Estamos em pleno Estado Novo. O comportado Mário assina um manifesto a favor de um movimento direitista, subvencionado pelo governo de Armando Sales de Oliveira, que pretende fazer frente, dentro do espectro conservador, ao integralismo de Plínio Salgado. Em artigo na imprensa, Braga lamenta a atitude de Mário de Andrade. O romancista tenta se explicar. Mário é, a essa época, o diretor do departamento de cultura da Prefeitura de São Paulo. Não quer deixar seus projetos culturais pelo meio, nem perder o cargo, e explica sua assinatura dizendo que ela é uma garantia de que poderá prosseguir tranquilo em seu trabalho.

Braga se enoja. O cronista prefere a limpidez de um Cassiano Ricardo, poeta oficialista, que também assinou o documento, só que movido por convicções e ideais, discutíveis mas sinceros. Ganha, com isso, um inimigo feroz em São Paulo. Apesar da briga, publica em sua coluna da *Revista Nacional*, muitos anos depois, uma seleção de poemas de Mário de Andrade. Tenta, sempre, separar a razão dos afetos. E jamais diz que Mário é seu inimigo. "Acho que ele não gosta de mim", prefere definir.

O cronista não tem dificuldades em manejar a débil fronteira que separa a amizade da inimizade. Durante muitos anos, um de seus maiores amigos é Antônio Maria, confidente assíduo que chega a morar por longa temporada na cobertura. Apesar disso, eles vêm a ter uma briga feroz. A partir daí, Braga toma-se de ódio por Maria, sentimento cujas razões jamais revelará. Uma boa pista pode ser encontrada em uma coincidência intolerável: ambos estavam apaixonados pela mesma mulher — Danuza Leão.

A inimizade tem, para Braga, a mesma consistência duradoura da amizade. Quando um garçom telefona para a cobertura avisando que Antônio Maria teve um ataque cardíaco (que seria fatal) em um bar de Copacabana, o Urso não move uma palha. Após ouvir o relato, vocifera ao telefone e depois vai dormir.

Sua vocação reprimida para os grandes rancores toma, às vezes, a forma da ostentação ruidosa. Certa noite, ao entrar no Antonio's para um drinque, ele depara com Adolpho Bloch, a quem tem na conta de grande inimigo. Braga, a esse tempo, é cronista da *Manchete*, e Bloch parece disposto a remendar a amizade. "Acaba de chegar o maior cronista do Brasil", o empresário exalta, ao vê-lo. "Maior cronista que você faz questão de pagar miseravelmente", reage o Urso, em golpe impiedoso.

Insônia

Tem a fantasia de fundar um Clube dos Insones. Nada lhe parece mais enervante, mais doloroso, que a insônia. O clube não precisaria nem mesmo de uma sede. Pensa em uma fórmula simples, mas eficaz. Devidamente cadastrados, os sócios receberiam uma lista completa dos telefones de seus companheiros de infortúnio. Visitados pela maldita insônia, simplesmente pegariam o telefone e se poriam a falar. Insones são sujeitos entediados, de péssimo humor e sem assunto. Dois insones, ainda que protegidos pelo telefone, não poderiam se suportar. O tédio os levaria a dormir. Assim como na homeopatia, em que o semelhante se cura pelo semelhante, os insones teriam na degraça de seus companheiros a sua cura. E todos dormiriam em paz.

IRONIA

Rubem Braga sabe manejar, sim, a ironia. Mas essa é uma arma que prefere empunhar, apenas, contra si mesmo. A autoironia lhe afina a alma. Nas rodas sociais, ou mesmo entre amigos, ele se trata, quase sempre, como um personagem desimportante, até desprezível. Rigoroso em seu trabalho de cronista, não se considera, apesar disso, um escritor. Nada está mais distante do espírito de Rubem Braga que a ideia de tornar-se um literato. Não gosta das pompas literárias, dos saraus de intelectuais, das lutas suicidas de bastidores. Não se importa, em absoluto, com sua imagem de escritor, simplesmente por achar que ela não tem cabimento, que ela não existe. Nos cadastros de hotel, nos documentos oficiais, prefere se assinar: "jornalista". Apesar disso, tem a literatura e seus grandes heróis em alta conta.

Há nessa atitude o traço suave, mas sangrento, da ironia. Quando fala de si, o Urso prefere, quase sempre, dizer o contrário do que está pensando, ou pelo menos do que se espera que ele diga. A ironia, nessas horas, é uma couraça. Se não se expõe, se não revela suas ideias e vaidades, tem menos chances de sofrer com as consequências. Acredita que poucos sentimentos são tão perigosos quanto a vaidade. Aqui está a outra face da ironia: o medo. Braga tem sempre medo de parecer presunçoso e excessivo. "A ironia é a arte de relativizar a importância do mundo", afirma. Ela não passa, na maior parte das vezes, de um disfarce da vaidade. De uma forma, sofisticada, de pudor intelectual.

Braga tem uma relação conflituada com a imprensa. Apega-se a uma sentença de H.L. Mencken, o autor de *The American Language*: "...o jornalista americano médio... não é apenas tão ruim quanto o diz Upton Sinclair, e sim dez vezes pior — dez vezes mais ignorante, dez vezes mais desleal e tirânico, dez vezes mais complacente e pusilânime, e dez vezes mais malicioso, hipócrita, insincero, velhaco, farisaico, fraudulento, enganoso, pérfido, impudico e desonesto".

Ele folheia os jornais e se lembra da sentença de Mencken. Os anos passam e ele a julga cada vez mais verdadeira. Pode ver a si mesmo, como se fosse ontem, iniciando-se na profissão. Damos um salto rumo a 1928, quando um rapaz tímido começa a escrever suas primeiras crônicas para o *Correio do Sul*, um pequeno jornal que os irmãos Jerônimo e Armando dirigem em Cachoeiro. Em 29, começa a cursar Direito, no Rio de Janeiro. Em 1932, aos 19 anos de idade, o jovem Braga vai trabalhar no *Diário da Tarde*, de Belo Horizonte, mas continua sua formação de advogado. É escalado para sua primeira reportagem: a excitante cobertura de uma exposição de cães de raça. São tempos que se perdem na memória, mas algumas cenas, decisivas, conservam-se intactas.

No dia da morte do eminente crítico de arte Mário Pedrosa, de quem é grande admirador, é todo um passado que volta. Estamos agora em 1934, e Braga acaba de chegar a São Paulo. Desorientado, mas decidido a não perder tempo com enganadores, ele resolve procurar pessoalmente o todo-poderoso Assis Chateaubriand. "Quero ser repórter de seu jornal", diz, simplesmente. Ganha uma vaga na reportagem do *Diário de S. Paulo*. Instala-se, em seguida, em uma pequena pensão. A grande cidade, então, mostra as suas garras. Apesar de seus sentimentos antigetulistas e de ter simpatia pela causa constitucionalista, Braga é discriminado pelos colegas de pensão como "nortista". Faz essa descoberta, por acaso, em certo café da manhã. Pede um ovo estrelado. "Não tem", lhe dizem, com cara de poucos amigos. Olha para a mesa ao lado e vê um paulista diante de um prato com dois magníficos ovos. "Mas é justamente o que ele está comendo", aponta. A resposta é dura: "Eu já disse que acabou. Faça outro pedido."

Dias depois, a pauta do *Diário de S. Paulo* o escala para acompanhar uma concentração integralista na Praça da Sé. As esquerdas vão para a praça, no mesmo horário, na esperança de barrar a manifestação conservadora. As duas facções entram em luta. Encerrada a batalha, o jovem Braga corre para os hospitais próximos em busca de informações sobre os feridos. Em um deles, ainda ensanguentado, encontra o trotskista Mário Pedrosa. Naquela enfermaria, entre choros e bandagens, se formou, em definitivo, a imagem que Braga guardará de Pedrosa: a de um visionário. O cronista o considera, também, o maior crítico de arte que o Brasil já formou. Anota: "Divergimos muitas vezes, mas ele sabia divergir com tolerância, compreensão e até doçura." Se o levou a conhecer Mário Pedrosa, pensa, o jornalismo não pode ser tão inútil assim. Apega-se, pouco depois, a Antônio de Alcântara Machado que, em 1935, se transfere para o Rio para dirigir o *Diário da Noite*. Inventa suas raízes.

Braga se muda, em seguida, para o Rio de Janeiro para trabalhar no *Diário da Noite*. Passa a fazer, logo depois, uma crônica diária em *O Jornal.* É deslocado, mais tarde, para o Recife, para servir na equipe do *Diário de Pernambuco*. Passa a editar a última página do jornal, dedicada ao noticiário policial. O centenário jornal pernambucano estampa, então, pela primeira vez em sua história, a notícia de um suicídio — tema absolutamente proscrito até ali. "Quem era afinal esse suicida?", um amigo, muitos anos depois, quer saber. "Bem, eu não podia publicar qualquer suicídio", responde. "Esperei, então, aparecer um suicídio mais bonitinho." Entre dezenas de suicídios de miseráveis, Braga simplesmente esperou que uma linda moça loura se matasse para publicar a notícia pioneira. Mesmo a morte, nas mãos de Braga, deve conservar alguma beleza.

Sua transferência para Pernambuco, apesar do sucesso, tem uma causa não muito digna: durante a temporada no Rio de Janeiro, Alceu Amoroso Lima pede sua cabeça a Assis Chateaubriand. O dr. Alceu não gosta dos artigos que Braga escreve para o jornal, que lhe parecem libertários e irreverentes. O cronista tem a prova muitos anos depois quando um amigo, em confidência, lhe mostra a cópia de uma carta de Alceu a Chateaubriand em que o líder católico pede sua cabeça. A transferência para o Recife, em 1935, é, apenas, uma solução conciliatória. Braga passa pouco tempo em Pernambuco, mas a experiência é decisiva em sua vida. Antes de voltar para o Sul, já brigado com Assis Chateaubriand, ajuda a fundar a *Folha do Povo*, órgão porta-voz da Aliança Nacional Libertadora, ligada ao Partido Comunista. Muitos anos depois, o Urso define a *Folha* como "um jornal pobre e livre, malcriado e atrapalhado, heroico e sujo". Entre seus focas está Tavares de Miranda, futuro colunista social de prestígio, na época o repórter que lhe dá mais trabalho. "Vá cobrir esse comício", Braga o escala. Miranda sai animado. A tarde passa e ele é o último repórter a voltar. "O que houve?", Braga quer saber. "Demorei porque fiz um discurso longo demais", o rapaz responde, com candura. Apesar do choque, o cronista tenta manter a cabeça fria. "E a matéria?", pergunta. O exausto Miranda, recompensado pelos aplausos que recebeu da multidão e dando uma lição nada exemplar de jornalismo, desconversa: "Não tive tempo de apurar. Fica para outro dia."

Volta ao Rio de Janeiro e passa a trabalhar em *A Manhã*. Em 35, o jornal é fechado e Braga é obrigado a se esconder. Depois, com Samuel Wainer e Azevedo Amaral, funda a revista *Diretrizes*. Mas Braga e Wainer logo acabam brigados. "Somos parecidos demais", desabafa depois, a Otto Lara Resende. "Há quem pense que somos sósias." Otto, sem entender nada, reage: "E o que tem isso a ver com a briga?" Braga o encara: "Tudo. Como é que a gente pode gostar de um sujeito se, sempre que o olha, depara com o espelho?" A semelhança física entre ambos gera, mais tarde, algumas confusões embaraçosas. Certa vez, Wainer está em um botequim quando alguns policiais aparecem e o prendem. Deixa-se levar, certo de que o estão confundindo com Rubem Braga. "Não é a mim que vocês estão querendo", insiste, enquanto os detetives riem da reação lunática de sua vítima. Na delegacia, o prisioneiro é obrigado a aceitar seu engano. O procurado é mesmo um certo Samuel Wainer.

Agora é a vez de Braga. Está andando por uma rua da Zona Sul do Rio, quando um policial o para. "Quando você tiver tempo, pode passar lá na delegacia", o rapaz diz. Braga, sem saber o que responder, simplesmente o olha. O policial tenta animá-lo: "Não fique assim preocupado. Está tudo arranjado." E se vai. Só muito depois o cronista descobre que, naquele dia, o policial o tomou por Samuel Wainer, com quem tinha uma dívida a quitar.

Em 1944, Braga viaja para o *front*, como correspondente do *Diário Carioca* na Segunda Guerra Mundial. Mesma época em que lança seu segundo livro de crônicas: *O Morro do Isolamento*. Quando volta ao Brasil, passa a trabalhar em *A Manhã*, de Arnon de Mello. Em 47, vai para a França como correspondente de *O Globo*. Torna-se, assim, um cronista do existencialismo, que está então no apogeu. Retorna a Paris em 50, agora como correspondente de *O Correio da Manhã*. Passa quase um ano na capital francesa.

Em 1952, torna-se um dos três diretores do mensário *O Comício*, tabloide de 32 páginas que faz oposição discreta a Getúlio Vargas. Os outros dois sócios são Joel Silveira e Rafael Correa de Oliveira. Otto Lara Resende, Carlos Castelo Branco e Fernando Sabino atuam como cronistas. Braga redige, sem assinar, a seção "O dia do presidido", contrapartida de outra, "O dia do presidente", publicada pelo jornal governista *Última Hora*. *O Comício* dura 23 números.

Torna-se cronista da revista *Manchete*, ao lado de nomes famosos como Paulo Mendes Campos, Fernando Sabino, Sérgio Porto, Henrique Pongetti e Antônio Maria. Faz algumas viagens ao exterior, a mais importante delas para realizar a cobertura da eleição de Dwight Eisenhower à presidência dos Estados Unidos. No fim da vida, é cronista de *O Estado de S. Paulo*. Braga, porém, jamais se satisfaz com a imprensa. "Os jornais noticiam tudo, menos uma coisa tão banal de que ninguém se lembra: a vida", diz. E dá, assim, seu veredito sobre a atividade jornalística.

JUVENTUDE

Debruçado na murada de sua cobertura, em uma noite morna e vazia, o Urso mergulha em lembranças do passado remoto. Sente-se sozinho. A vida de solteirão, se conserva restos da liberdade de juventude, tem como preço alguns nefastos momentos de abandono. O passado, então, o consola. Quando chega a São

Paulo, um menino de apenas 20 anos, Braga também está muito solitário. Nem assim se torna uma pessoa fácil. Com seu estilo caladão e a expressão dura, logo faz mais inimigos que amigos. Dois escritores resolvem adotá-lo: Antoninho de Alcântara Machado e Oswald de Andrade. O jovem Braga se impressiona, em particular, com Oswald, um homem vibrante, apaixonado pela polêmica e pela contradição, com a alma de franco-atirador. Faz dele, desde logo, um modelo para a luta.

Em um velho caderno, batizado apenas de "Notas", datado de agosto de 1930 — quando o Urso é apenas um rapaz de 17 anos —, podem ser encontrados alguns reflexos rápidos de um tempo que é, no geral, insondável. Há, anotada à margem, em letras firmes, uma frase de Anatole France: "A nossa democracia, com uma igualdade majestática, proíbe igualmente a ricos e pobres furtar um pão, ou mendigar na rua." Pode-se ler também, algumas páginas adiante, uma sentença raivosa de João Mangabeira: "*Dura lex sed lex* é a velha máxima opressora com que os fortes esmagam os fracos e os felizes, os desafortunados." O espírito do rapaz, transpassado por essas frases de efeito, ferve. No fim do caderno, o sério Braga anota uma lista virtuosa de livros para "ler nas férias": *Ensaios brasileiros*, de Azevedo Amaral; *La Cité Antique*, de Fustel de Coulanges; e *Introdução à sociologia*, de Pontes de Miranda. Leituras que, por certo, prazeres mais urgentes o levaram a abandonar.

Em 1929, já cursa a Faculdade de Direito, do Catete. Ainda mora em Niterói. Em 1931, aos 18 anos e depois de dois anos e meio no Estado do Rio, nova mudança: Braga parte para Belo Horizonte, onde o aguarda o irmão Newton. Leva um sonho não realizado: atravessar a baía de Guanabara a nado. Mas leva também doces recordações das travessias modorrentas a bordo das barcas da Cantareira, monstros primitivos que parecem abrir intervalos no tempo e apenas deslizar, movidos pelo silêncio, sua solidão sobre as águas. Sempre que está triste, o jovem Braga retorna à Cantareira. Vai na proa, mirando a baía e se deixando impregnar pelo vento. O mar o apazigua. Quando pisa de volta na Praça XV, está outra vez pronto para a realidade.

Em Belo Horizonte, o jovem Braga pode ser visto na porta do Cinema Glória, domingo à tarde, perfilado ao lado de rapazes que se postam, elegantes, no meio-fio para vigiar as meninas, em seus vestidos novos, circulando para baixo e para cima. Nas madrugadas, ele desce a avenida Afonso Pena às pressas, rumo à Linha de Tiro, onde cumpre as obrigações militares. Tanto na calçada, diante das moças, como no Exército, à frente dos comandantes, o homem se forma.

Novamente no Rio de Janeiro, em 1937, Braga vai morar em uma pensão fétida, um sobrado na rua Correia Dutra, 164, no Catete. A dona da pensão, uma viúva magrinha, está na miséria porque apostou suas magras economias, e perdeu, em uma rodada no Cassino da Urca. Passa os dias reclamando das dívidas e fugindo dos cobradores. O rapaz tem estranhos vizinhos. Num quarto ao lado, mora um investigador de polícia cheio de bazófia, que não perde uma chance para destilar uma boa mentira. Em outro quarto, ainda com a cabeça raspada como lembrança de sua temporada na Ilha Grande e espremido entre a mulher e as duas filhas, Graciliano Ramos começa a escrever *Vidas secas*. São tempos infernais para o romancista.

A proprietária da pensão, apesar dos protestos de Graciliano, só o chama de Brasiliano. Durante o jantar, o detetive procura ser simpático e puxa assuntos literários. "O que vocês acham de Victor Hugo?", pergunta, entusiasmado. Graciliano não mede as palavras: "Victor Hugo? Uma besta!" O jovem detetive, apesar do susto, continua a bajular seus companheiros de pensão. Mas é um fracasso. Também Braga e Graciliano não conseguem se entender. Divergem, em particular, a respeito de um tema: poesia. "Não leio, não compreendo, sou burro para isso", o romancista diz. Mas, paradoxalmente, sabe de cor muitos poemas de Manuel Bandeira. Quando os recita, Graciliano não pode dissimular a paixão que o domina.

Muitos anos depois, o cronista recebe uma carta de seu amigo Xavier Placer, em que ele cita um trecho de *Angústia* a que jamais dera atenção. Vinte anos antes das contorções formais dos poetas concretistas de São Paulo, lá está um parágrafo que deixa Braga absolutamente surpreso. Graciliano, em momento de pouca inspiração e rindo de si mesmo, registra: "Em duas horas escrevo uma palavra: *Marina*. Depois, aproveitando letras desse nome, arranjo coisas absurdas: *ar, mar, rima, ira, amar.* Uns vinte nomes." Continua seu jogo sem sentido: "Tristeza e raiva. *Ar, mar, ria, armar, ira.*" E conclui, indignado consigo mesmo: "Passatempo estúpido." Agora, no vazio de sua cobertura e com a mente contorcida por malabarismos poéticos igualmente inúteis, o velho Braga conclui que, de fato, foi bem melhor que Graciliano Ramos não tenha se metido com versos. Salvou-se a poesia.

As imagens custam a se apagar. Ele continua suas divagações. Está agora em um café do Rio, no tempo ainda dos belos *terrasses*, e é apresentado a um velho jornalista de prestígio. Cumprimenta-o com um sorriso que mais se parece com uma careta — nessa indefinição de sentimentos com que, tantas vezes, os jovens se protegem — e diz, para horror de seus interlocutores: "Vamos sair daqui. Isso aqui está meio chato." Não pode se esquecer do mal-estar causado por esse comentário banal e sem maldade, manifestação singela da franqueza. Esses modos bruscos, diretos demais, lhe valerão durante toda a vida a pecha de inconveniente e de mal-educado. São trejeitos da juventude que jamais o abandonam. E Braga se orgulha disso.

Braga está encolhido em seu sofá, com um livro aberto sobre a barriga. Ressona. Daqui a pouco, acorda e retoma a leitura. Não tem pressa. É um leitor meticuloso e lê tudo o que lhe cai nas mãos. Não tem preconceitos, e parece até mesmo não ter um gosto literário. Dalton Trevisan, Balzac, Carlos Drummond de Andrade, um tratado de jardinagem, contistas russos, biografias de grandes políticos. Pode estar lendo qualquer um deles.

Porém não se enganem: ele é, apesar disso, um leitor atento e rigoroso. Não atravessa um só livro sem dele retirar alguma boa e nítida lição. Otto Lara Resende o encontra, certa tarde, com um tratado de literatura, assinado por Afrânio Coutinho, nas mãos. Surpreende-se. "Você leu isso?", pergunta. "Li", responde o avaro Braga. "De cabo a rabo?", insiste. "Exatamente", é a resposta. "E o que quer dizer?", Otto persiste, numa provocação. O Urso não se abala: "Acho que ele quer dizer que a gente deve sempre escrever com método."

Os amigos se surpreendem, e até se irritam, com sua paixão despropositada por livros de divulgação, compêndios de terceira categoria e manuais ingênuos do tipo faça-você-mesmo. Ao lado da rede podemos encontrar exemplares contorcidos, que o cronista compra em sebos e aos quilos, de pérolas da autoajuda como o *Tratado do anzol, Como caçar felinos,* ou *O livro dos pesticidas.* Mesmo de utilidade improvável na maioria quase absoluta dos casos, eles sempre lhe fornecem a chance de retirar algum ensinamento prático. Crê piamente, por exemplo, que um livro sobre a caça de felinos o ajuda a ter uma relação mais amistosa com os gatos vira-latas da vizinhança. E que, com um tratado sobre pesticidas, pode fazer suas árvores duplicarem de tamanho. Entre os seus favoritos, estão os livros sobre passarinhos. Braga tem sempre os bolsos cheios de pios — pequeno instrumento de sopro que produz um assobio semelhante ao pio das aves — e vive ensaiando contatos imediatos com os pássaros que frequentam seu jardim suspenso. Segue, nessas horas, as instruções de seus manuais. Lê, com particular voracidade, livros sobre beija-flores. Orgulha-se das proezas que eles o levam a realizar. Braga consegue, algumas vezes, que pequenos beija-flores mais destemidos venham pegar comida em sua testa e até em seus lábios. Nessas horas, sente-se recompensado pelo tempo que passou debruçado sobre os velhos manuais.

Filho de português, Braga tem, até por educação, o hábito de ler os grandes autores lusos. Gosta dos *Sermões*, de Vieira, e das obras de Alexandre Herculano, em particular de seus romances históricos. E, é claro, de Luís de Camões. Sabe seus sonetos de cor e tem prazer em recitá-los. Pode-se pensar se esse gosto pela língua paterna não é responsável pela geração de sua gramática exemplar e de sua prosa enxuta e um tanto "portuguesa" no rigor expressivo.

Mas tem, também, tabus literários, que nem sempre os amigos conseguem derrubar. Joel Silveira chega à cobertura com um presente: um exemplar de *O vermelho e o negro*, de Stendhal. Braga parece, a princípio, interessado. "Já tenho leitura para a semana", promete. Joel se vai. Dessa vez, ao que parece, acertou. Em nova visita à cobertura, semanas depois, Joel Silveira se lembra do livro. "E então, você gostou do Stendhal?", quer saber. O Urso é franco: "Não gostei. Deixei pelo meio." Diante do ar pasmado do amigo, tenta se explicar: "É um entra e sai danado, tem muita gente." Medita um pouco, para completar: "Além disso, as mulheres são muito complicadas." Para contrapor a Stendhal, Rubem Braga tem uma paixão literária secreta, que nem sempre revela: o desprezado José de Alencar. "Esse sim, escreve com clareza", gosta de dizer.

Lê, como se estivesse devorando um romance policial, a *Corografia brasílica*, em edição fac-similada com prefácio de Caio Prado. Relê várias vezes, em particular, os verbetes relativos ao caju e ao beija-flor. Depois, em um velho caderno de lembranças, anota: 'Será mal escrito; mas é bem descrito." A objetividade o encanta. A clareza, para o velho Braga, está acima da beleza.

É um leitor voraz de romances de ação, em particular dos relatos de segunda classe, escritos com o único objetivo de raptar e torturar o espírito do leitor. Maravilha-se com um livro como *Sequestro sem pistas*, de Beth Gutcheon, mas sente-se intimidado por exibir sua paixão aos amigos intelectuais. Anda com o livro pelos jardins da cobertura, como se fosse um bichinho de estimação. Mas, se chega alguém, o cronista o esconde.

Gosta de reler os clássicos da língua portuguesa: Machado de Assis, Eça de Queirós, Camilo Castelo Branco. Volta sempre, também, aos livros de Anatole France. E não perde tempo acompanhando as listas de mais vendidos e o noticiário literário. O Urso não deixa que a rapidez do tempo penetre em sua cobertura. Guarda, nela, um ritmo próprio de sorver o mundo, e as leituras só o interessam quando estão sincronizadas com essa lentidão.

Braga não gosta da ideia de literatura. Sempre se vê como um jornalista, e não como um escritor. As crônicas são um prolongamento de sua vida. As histórias que relata, com os devidos disfarces e reticências, são sempre arrancadas da realidade. Escrita e vida têm uma relação direta, sem meandros, sem intermediários, sem falsificações. Uma não vive sem a outra, enlaçadas por uma simbiose de origem.

Às vezes, amigos lhe cobram uma narrativa de mais fôlego, talvez um romance. "Eu não tenho imaginação", ele assegura. "Por isso, não escrevo romances. Escrevo sobre o que vejo, escrevo sobre fatos e sobre coisas concretas. Minha imaginação é péssima." Tenta, certa vez, escrever um conto policial. Parte de um título: "O macaco empalhado." Planeja a história de um grande símio empalhado que, um dia, move ligeiramente o polegar da mão direita. Orgulha-se de sua ideia, mas não consegue escrever nada além de uma página e meia. Braga anda pela cobertura, lendo alto as poucas linhas que produziu. Não se convence. O bom-senso predomina e ele desiste da aventura.

"Escreva um livro de mistério", insiste Lila Bôscoli. "Quem gosta de ler também gosta de escrever." Mas o Urso não se convence. "Não sei escrever isso não", desconversa. "Escrevo sobre o que as pessoas me contam, sobre o que eu vejo. Mais nada." Braga repete sempre que não é um ficcionista. "Sou, no máximo, um antificcionista", define-se. "Eu faço aquilo que os romancistas não têm paciência para fazer." Quando se imagina na pele de outros escritores — por exemplo, de Edgar Wallace —, pode se ver, porém, como ficcionista. Se fosse Wallace, pensa, escreveria um romance chamado *A loura do grampo*. O livro começaria assim: "Uma loura e uma morena podem possuir muitos objetos iguais, mas há um pequeno objeto de uso pessoal que sempre é diferente. Ninguém precisa quebrar a cabeça para compreender que estamos nos referindo aos grampos." Imagina, então, um romance "em preto e branco", em que o famoso detetive Hoggar se vê às voltas com o assassinato de um milionário. A loura, é claro, é a criminosa. Um dia, confessa a Paulo Mendes Campos: "Acho que eu queria mesmo é ler esse livro, e não escrevê-lo."

Não gosta de círculos literários, despreza as amizades célebres, e mesmo nos salões mais requintados se comporta como um velho camponês. Certa vez, o convidam para um congresso de escritores em Buenos Aires. Não aceita a ideia de abandonar, por poucos dias, o conforto e a privacidade da cobertura, mas ainda assim viaja. Chega à Argentina. No primeiro dia do encontro, é escalado para uma mesa-redonda. O sofrimento começa. A seu lado, está um senhor míope e solene, que parece desprezá-lo. Braga não se dá por derrotado e decide puxar conversa. "O senhor é jornalista?", pergunta, certo de começar assim um bom assunto. Recebe um enfático "Não". Mas o cronista insiste. "É escritor?" A resposta é outro monossílabo: "Sim." O Urso está decidido a devassar a vida de seu companheiro de infortúnio. "Tem livros publicados?", persiste. O velho míope o olha de modo transversal, como se o atingisse com um soco de esquerda no estômago, e diz: "Sim. Uns vinte e cinco." Não é preciso ir mais longe. Braga está instalado ao lado de Jorge Luis Borges, mas é incapaz de perceber. Quando, por fim, faz a descoberta, não se abala. Consola-se pensando que provavelmente Borges também não sabe quem ele é, se é que algum dia ouviu falar em Rubem Braga. Tem péssima memória visual e é absolutamente distraído, atributos negativos que só exacerbam sua fama de antipático. Não faz qualquer esforço para alterá-la.

Não gosta de Jayme Ovalle, que é endeusado por quase todos os amigos. Prefere a literatura desadjetivada de um Dalton Trevisan. Para Braga, os grandes atributos de um escritor devem ser a clareza e a limpeza de ideias. Por isso, adora os livros de Georges Simenon — outro velho casmurro como ele. Certa vez, em viagem à Suíça, tem a chance de conhecer Simenon pessoalmente. Vai a Lausanne entrevistá-lo para *Manchete* e volta intrigado, como se tivesse conversado com a própria imagem num espelho. O apego à verdade é uma das razões de sua admiração pelos romances policiais de Simenon. Narrativas de mistério em que, no fim, a verdade sempre se revela. E é sempre muito simples.

O Urso gosta do caráter imediato e evanescente da crônica. Ele coincide com sua concepção de literatura: arte que, a seu ver, deve ter um uso instantâneo e objetivo. As crônicas são, assim, o seu ideal literário. Um gênero, ele pensa, mais forte e mais difícil, pois vem carregado de exigências da realidade e está condenado a, rapidamente, envelhecer. Permite-se, apenas, ser um poeta bissexto, por julgar que o impulso poético foge do arbítrio e da decisão do escritor. No mais, não tem inéditos guardados, não tem projetos a realizar, nem rascunhos esquecidos. E se espanta quando lhe perguntam pelos tesouros guardados em suas gavetas.

Quando está entre literatos cheios de pose, Braga aproveita para rir de si mesmo. Há uma senteça de Bernanos que o delicia: "Não te cases jamais com um homem de letras. Estarás arriscada a ser mãe de outros homens de letras, e a retardar, assim, o desaparecimento de uma espécie intermediária entre o pavão e o peru." Tem em muito baixa conta sua vocação literária. Mas isso será apenas um gênero? Aqui vale pensar em outra sentença, essa de Mário de Andrade: "Todo homem acredita na valia do que escreve. Se mostra, é por vaidade. Se não mostra, é por vaidade também."

Seu amor pela literatura ultrapassa o domínio dos escritores. Torna-se amigo do editor José Olympio. Braga o conhece durante sua temporada em São Paulo. Vai visitá-lo em sua livraria da rua da Quitanda, perto da Praça do Patriarca. Olympio, àquela altura, já está de mudança para o Rio de Janeiro. "Sei que estou me arriscando muito", confidencia. Para complicar, está se instalando em uma loja de frente para a célebre Briguiet, na rua do Ouvidor. Mas parece disposto ao risco. Braga o admira. Gosta, mais que tudo, dos modos distintos com que Olympio trata os amigos, mesmo os mais íntimos, sempre pelos nomes inteiros. "Olha, José Lins do Rego, eu acho que o nosso José Américo de Almeida...", diz, naturalmente. O cronista começa sua carreira de escritor na editora José Olympio. Olha para aquele homem elegante e sereno e tenta imaginá-lo em seu passado remoto, em Batatais. Perde-se em seus pensamentos. Não consegue separar escritores de editores e ambos dos leitores. Todos estão imantados pela presença do livro. Parecem ser, no fim das contas, um só.

Imagina um sentido prático para a literatura. Gosta de lembrar, então, uma história que lhe foi relatada pelo arquiteto e desenhista Carlos Leão, que confere à atividade literária um pragmatismo de que não poderia suspeitar. O arquiteto decide plantar uma videira em sua pequena fazenda. Quer ter o prazer de saborear suas próprias uvas. Compra um livro especializado e segue metodicamente as instruções. A árvore, porém, não cresce. Desiste. Tempos depois, Leão está lendo *As geórgias*, de Virgílio, e depara com instruções específicas sobre o cultivo da videira. Decide tentar outra vez. A árvore, embalada pelo método de Virgílio, logo dá frutas deliciosas.

Só escreve em uma desengonçada Hermes Baby, que carrega pela cobertura como um amuleto. Quando apronta o texto, pede socorro à secretária Aracy Seljan — sua ex-cunhada, mais conhecida por "Momy", que o acompanha por 48 anos — e, dias depois, o tem de volta passado a limpo e corrigido. Braga não consegue trabalhar sem a ordem imposta por Momy. Ela é sua governanta literária.

M

Da varanda de sua cobertura, inflado pela brisa marinha que sopra forte e exagera seus sentimentos, Braga define o mar, certa noite, como uma espécie de bicho gigantesco que encobre o planeta. "Ele só é mineral durante o dia", diz. "À noite, o mar boceja, contrai-se, abocanha — torna-se um animal."

MEDICINA

O cronista tem uma relação irônica com a medicina. Sabe rir de seus limites e de seus delírios. Mas, quando é absolutamente necessário, não se furta em se submeter aos seus caprichos. A primeira cirurgia que enfrenta é para tratar uma hérnia. Da doença, fica apenas um nome, dito por um médico francês com a boca cheia de prazer: "hérnia do triângulo de Luís Felipe". Da segunda vez, os médicos descobrem que Braga tem um ponto no pulmão. Não é para menos: fuma, em média, dois maços e meio de cigarros por dia. Cultiva, em consequência, um enfisema. E depois aquele ponto, que opera e mais tarde se transforma apenas em um adjetivo reconfortante: "benigno". Tem uma segunda hérnia, dessa vez no estômago. Mas, dos males do fumo, o que mais o preocupa é a tosse infernal. Muitos anos depois, abandona o cigarro.

MEDOS

Não é dado a medos irracionais. Mas, com o passar dos anos, tem que se defrontar com uma realidade: a imensa favela, localizada nos fundos de seu prédio, se ergue agora como uma ameaça à paz na cobertura. Teme não um ataque direto, que não teria qualquer razão de ser, mas uma bala perdida, um tiroteio entre quadrilhas, um acidente. Amigos tentam convencê-lo a se defender. "Você devia levantar um muro e blindar as janelas", sugere Joel Silveira, calejado pelos estados de guerra. "Não estou em conflito com ninguém", o cronista desconversa. E contra-argumenta: "Levantar um muro, sim, pode ser entendido como uma declaração de guerra." No máximo, aceita aumentar a altura da cerca viva que cobre os fundos do jardim, medida de resto inútil.

A solução é dada, finalmente, por seu motorista, Cosme, que se oferece como intermediário entre o cronista e a favela. O acordo é simples e feito no melhor estilo clientelista: todo Natal, uma comissão de favelados visita a cobertura e ganha presentes, petiscos para a ceia, contribuição em dinheiro para a construção de uma caixa-d'água, ou de um depósito de lixo. Em troca, a favela o deixa em paz, isto é, ele tem a garantia de que seus jardins suspensos jamais entrarão na mira dos tiroteios. É uma paz precária, pois o Urso sabe muito bem o quanto há de incontrolável e de irreversível na violência que atinge os morros da cidade. Mas é a paz possível. A partir daí, gosta de dizer: "Meu candidato para o Nobel da Paz é um motorista chamado Cosme."

MENTIRAS

Braga, apesar de todas as suas declarações de apego absoluto à realidade, gosta de uma boa mentira. Sabe que, sem ela, ninguém consegue ser bom escritor. Vê a mentira, mesmo, como um atributo pessoal. Admira o amigo Fernando Sabino, por exemplo, por julgá-lo um grande mentiroso. Recorda, sempre, um diálogo que presenciou, em sua cobertura, entre Sabino e Vinicius de Moraes. Os três tomam um uísque de fim de tarde. Jogam conversa fora. Vinicius reclama de uma noite maldormida. Sabino, ao contrário, se gaba de seu sono angelical e de seus magníficos sonhos. Os três se põem a relatar sonhos. "Na noite passada, sonhei com cavalos-marinhos", Sabino diz. É o bastante para Vinicius se irritar: "Pois eu duvido. Eu, que sou poeta, não sonho com cavalos-marinhos, como você iria sonhar?" Se o poeta fica irritado, Braga se enche de encanto por Sabino, o Mentiroso.

Apesar de sua paixão pelos mentirosos, não se inclui entre os contemplados por esse dom. Julga-se um homem que não mente, que não inventa e que não tem imaginação — por isso admira, nos amigos, o que lhe falta. "Eu escrevo sobre o que vivo", diz. "Não faço muito mais na vida. Simplesmente vivo." Não é dado, também, a confissões, pois julga não ter o que revelar. Para Braga, a verdade é uma espécie de pele. Está exposta à força da luz, das sombras, às nuances impostas pelo tempo, mas está sempre ali, à vista de todos. E jamais nos enganamos. Não gosta de confissões — mas suas crônicas são uma máquina de confessar.

MINEIRICE

A temporada em Minas lhe dá um atributo: a mineirice. Apesar de nascido no Espírito Santo, Braga tem um temperamento mais mineiro que capixaba. Certa noite, na varanda de sua cobertura, dois convidados se exaltam. "É melhor você interferir", Paulo Mendes Campos sugere. "Eles vão acabar se machucando." Braga repreende o amigo: "Você não entende mesmo nada de mineirice", diz. E, compenetrado, cochicha: "Veja como se faz." Em vez de se meter na briga, Braga resolve acalmar os ânimos com um outro recurso. "Atenção, todos. Agora vou fazer um discurso", anuncia aos berros. Os convidados, entre eles os dois senhores em luta, ficam paralisados. Nada mais improvável que a cena que estão a presenciar. Uma pequena roda se forma em torno do cronista. Ele aguarda um momento de silêncio. "O que mesmo eu ia dizer?", pergunta. "Acho que esqueci. Fica para outra hora." Minutos depois, os dois inimigos riem, como meninos, encostados à murada. Paulo Mendes Campos, aliviado, se aproxima de Braga. "Está certo", diz. "O mineiro aqui é você."

MULHERES

Para o velho Braga, nada há no mundo de mais valioso e intocável que a mulher. Afora o único casamento, com Zora Seljan, vive apenas paixões fugidias. Danuza Leão, Mimi Ouro Preto, Lila Bôscoli, Tônia Carrero, Vera Barreto Leite são algumas das musas que habitam o imaginário afetivo do cronista. Jamais saberemos ao certo até que ponto cada uma dessas paixões se converteu ao real. O Urso é absolutamente reservado no amor. Os amigos mais íntimos recolhem muitos indícios, guardam fortes impressões e têm suas hipóteses para uso particular. Mas, ao certo, ninguém saberá.

Restam, então, algumas boas histórias de amor. Vera e Mimi são manequins da Channel, em Paris, no período em que Braga é embaixador do Brasil em Marrocos. Ele as leva, várias vezes, para férias secretas em Casablanca. Braga não pode resistir ao ambiente carregado de proibições do mundo islâmico. A mulher, para ele, não é apenas objeto de sedução, mas também de inspiração. Sem elas, não pode viver.

Cultiva, com as devidas reverências e respeito rigoroso, até mesmo as mulheres dos amigos. Fala diariamente por telefone, por exemplo, com Maria Roberto, mulher de seu amigo, o arquiteto Maurício Roberto. Gosta de cultivar grandes amizades femininas, com quem pode viver relações puramente espirituais. Maria Roberto, Lila Boscoli e Ana Maria Roiteur, assessora da TV Globo, são talvez as mais frequentes.

"Nunca deixamos de ficar juntos, mesmo sendo apenas amigos. Nós não precisamos de sexo", confessa, certo dia, Lila Boscoli — que foi a terceira mulher de Vinicius de Moraes. Braga, sempre disposto a ornar o amor, prefere chamá-la de Liliácea Melancólica de Lineu. Um dia, Lila exige que o amigo explique o complicado apelido. "É o nome de uma orquídea", diz. "E o que tem isso a ver comigo?" Braga é simples em suas razões: "Nada. É que, no dia em que descobri o nome correto de uma orquídea do jardim, estava pensando em você."

O único casamento formal do cronista é em 1936, em Belo Horizonte, com Zora Selfan, uma mulher forte e politizada, ligada ao Partido Comunista Brasileiro, que mais tarde, depois da separação, se casaria com o escritor Antônio Olinto. Zora é, provavelmente, apesar das diferenças que terminam por separá-los, o seu grande amor sereno. O casal se conhece em Belo Horizonte, quando Braga está iniciando a carreira de jornalista. Sua admiração por ela jamais se apaga. Muito mais tarde, quando tem a notícia de que a ex-mulher se casou com o escritor Antônio Olinto, ácido, não perde a chance de externar seus ciúmes com o comentário impiedoso: "Ela pode ter melhorado de marido, mas piorou muito de estilo."

Sua grande paixão foi, possivelmente, Bluma Wainer — a primeira mulher do poderoso jornalista Samuel Wainer. Na primeira vez em que o cronista a vê, Bluma caminha por uma calçada de Ipanema, vestida em um sóbrio vestido de seda que se torna quase transparente contra o sol de fim de tarde. Ela parece flutuar sobre a brisa marinha. Apaixona-se imediatamente. Terá com Bluma uma relação, antes de tudo, dramática e tumultuada. Apaixonada, Bluma Wainer se separa de Samuel para viver com o cronista. Mais tarde, depois de longo sofrimento físico causado por uma tuberculose, reata com Samuel.

Outra grande paixão, inominada, é a atriz Tônia Carrero. Trata-se de um caso exemplar de amor não correspondido. Tônia é a protagonista secreta da crônica sobre a mulher com quem ele passa três dias trancado em um quarto. É a personagem principal de boa parte de seus sonhos masculinos. Mesmo sem ser correspondido, tem um ciúme quase doentio da atriz. Certo dia, Cláudio Melo e Sousa telefona para avisar que vai dar uma passada na cobertura. Acrescenta que levará consigo Tônia Carrero, com quem se encontrara acidentalmente em um bar. "Um ou outro eu recebo, mas só em separado", Braga determina. A paixão se torna tão avassaladora que ganha pigmentos trágicos. O Urso se dedica, então, a sorver o sofrimento pela mulher que, ele sabe, jamais terá.

Sua delicadeza com as mulheres nem sempre é bem compreendida. Braga se entrega, em particular, às lembranças de um episódio que retrata o mais puro amor que, provavelmente, viveu. Nos anos 60, vai duas ou três vezes à porta do Colégio Melo e Sousa esperar por uma menina tímida e bela que está entrando na adolescência e de quem se torna amigo e protetor. Um dia, chega à ousadia extrema de levar-lhe uma rosa amarela. O pai da menina, Mário Martins, terá por longos anos dificuldades de digerir essa relação de encanto entre o velho Urso e sua doce ninfa. Só adulta, a escritora Ana Maria Machado compreenderá o quanto havia de sensualidade delicada nessa relação. Um dia, Rubem Braga vai apanhar a jovem Ana Maria, então com seus 17 anos, para irem juntos a um *vernissage*. Mário Martins, para seu azar, está em casa, e os dois homens têm uma árdua discussão. Só ali a moça percebe que pode haver algo de incomum naquela relação que lhe parece doce e encantada. A jovem Ana Maria já é, a esse tempo, uma leitora entusiasmada das crônicas que Braga publica na imprensa.

A admiração, portanto, é mútua. Mas o senso comum não pode admitir o interlúdio mágico entre um homem maduro e uma menina, sem ver ali H.H. e sua Lolita. O Urso sempre esteve além dessas insinuações injustas.

Braga faz da jovem Ana Maria sua confidente. Certa noite, em um jantar na casa de Márcio Moreira Alves, ele despeja, choroso, uma triste história de amor não correspondido com uma moça de olhos cor do mar. Podemos pensar em Danuza Leão. "Ela tem o mar nos olhos, mas tem olhos de safira", define. Virase para Ana Maria e diz: "Eles são diferentes dos teus olhos, que são do mar, mas não têm nada das safiras." A moça se assusta. Assim que pode, vai ao banheiro, posta-se diante do espelho e — como que para confirmar a presença de algo que o cronista, num arroubo poético, poderia ter-lhe roubado — mira seus próprios olhos castanhos. Ana Maria se dará conta, então, da própria beleza.

Há uma tarde em que, de volta do Espírito Santo, a jovem e ousada Ana decide subir à cobertura para presentear seu príncipe com uma sacola de pitangas. Degustam, afogueados, aqueles frutos e, depois, Braga convida a moça para um passeio pelo jardim suspenso. "Vamos plantar esses caroços", diz com entusiasmo, enquanto os lança com fúria pela terra escassa. Muitos anos depois, Ana Maria reconhecerá, no jardim, uma bela pitangueira e provará, encantada, de seus frutos. Enquanto isso, Braga reconhecerá em Ana Maria uma prova, encarnada, da singeleza que pode reger algumas formas especiais de amor.

Afora raras confidências, cerca suas paixões fugazes com impenetráveis cortinas de fumaça, e mesmo os amigos mais próximos ficam apenas com suspeitas e insinuações. Até as paixões fantasiosas são guardadas a sete chaves. É apaixonado pela moça que faz, na tevê, o anúncio do seu primeiro sutiã. E se excita com uma publicidade de pó de arroz em que certa senhora, gozando os efeitos do duplo sentido, se dirige às suas supostas espectadoras e, com grande desfaçatez, lhes diz: "Você vai ficar doidona."

Braga, que tem uma pequena mas consistente biblioteca de livros sobre animais, não entende por que as editoras não investem em obras a respeito do gênero "mulher". Imagina uma coleção que traga a narração minuciosa de seus tipos, o cadastramento de tons de cabelo e tessituras de peles, o recenseamento dos formatos do busto e dos quadris, além de discos contendo gravações de suspiros, exclamações de tédio e gemidos de prazer. Talvez até vídeos em que mulheres de tipos e origens variados desfilam seus corpos, seus estilos de vestir, seus tiques de elegância, sua maneira de falar. "Eu gostaria de dirigir uma coleção assim", confessa, certo dia, diante de amigos entusiasmados. Ergue-se e aponta uma estante de sua sala: "Eu trocaria todos esses livros por exemplares dessa enciclopédia da mulher."

Braga parece gostar, mesmo, das mulheres tristes. Mas ele se apressa em desmentir: "Amo-as vivas e animais, distraídas como rolas e egoístas como gatos", escreve. Podemos vê-lo agora pelas ruas de Ipanema, com seu jeitão enfezado, pescando belas mulheres por debaixo de um par de óculos escuros. Mesmo na sedução, o velho Braga jamais perde a pose de indiferente. O jornalista João Máximo tem a sorte de colher uma de suas mais belas declarações sobre o amor pelas mulheres. No ano de 1964, Vinicius de Moraes e Dorival Caymmi assistem a um *show* de música ao lado de Braga. Três lindas mulheres dançam em cena. Vinicius, sempre pronto a uma frase de efeito, diz: "A melhor coisa do mundo é comer um papo de anjo tendo ao lado a mulher amada." O pragmático Braga, sem pestanejar, o corrige: "Não, muito melhor é comer a mulher amada tendo ao lado um papo de anjo."

Mira-se no espelho e pode ter a sensação, desconfortável, de que vê uma mulher: Sidonie-Gabrielle Colette, a escritora francesa, autora de *Mitsou* e *La Vagabonde*, dois de seus livros prediletos. "É difícil conceber que alguém possa escrever melhor do que ela", anota um dia. Identifica-se com seu estilo tradicional, seu desinteresse pelos grandes experimentalismos e seu amor à vida acima de tudo. Colette é uma mulher chegada aos bichos, às plantas e à natureza. Braga identifica nela dois atributos que ele também muito preza: a honestidade e a humanidade. Mesmo incomodado, se espelha.

Há uma imagem de mulher, primordial, que sintetiza para ele todas as outras: a da dançarina Norka Ruskaia. Braga tem 16 anos quando chega ao Rio de Janeiro. Excitado com a cidade grande, vai assistir a um *show* musical no Teatro Fênix. No palco, está sua Norka Ruskaia, uma loura seminua, envolta em véus cintilantes e com um violino nas mãos. Do alto, pende um imenso globo de cristal, cheio de vidrilhos, que gira na penumbra, acompanhando a cadência da bailarina. Seu movimento circular enche as paredes do teatro de estrelas. A partir dali, todas as mulheres serão apenas cópias precárias daquela russa. Falsa, mas bela — como todas as mulheres.

MÚSICA

O Urso gosta de dizer que tem um péssimo ouvido musical. "Eu tenho ouvido de madeira", repete. Às vezes, detalha essa definição: "Comigo música não funciona. Meu ouvido é talhado em jacarandá." Mas é mentira. Tem bom gosto, sabe reconhecer a música de qualidade e é simplesmente apaixonado pela roqueira Rita Lee. Essa simpatia não combina muito com o interesse que desmonstra pelas ideias conservadoras do crítico musical José Ramos Tinhorão, "o extremista do samba", como Braga gosta de defini-lo. Vive abertamente esse conflito entre a razão conservadora e seus impulsos de roqueiro.

Braga abre o jornal, certa manhã, e se surpreende com uma crítica dura do sempre equilibrado Sérgio Cabral ao novo disco de Rita Lee. Enfurece-se. Paulo Mendes Campos está como testemunha. "Como é possível não gostar dessa menina?", pergunta-se, revoltado. "Gosto não se discute", Paulo adverte, entregue à umidade dos pensamentos matinais. "Discute-se sim", o cronista reage, "e quando eu encontrar com o Sérgio, quero ver se ele não muda de opinião." Nem quer perder tempo com os argumentos do amigo. Argumentos contra Rita Lee ele não pode aceitar.

Gosta, também, do repertório daqueles compositores que antecederam a Bossa Nova. *Camisa amarela*, de Ari Barroso, é nesse campo uma de suas canções preferidas. "É uma crônica musicada", define. "Se eu tivesse vocação para música, comporia assim." Mas essa vocação jamais o habitou.

O Urso despreza a arrogância e pompa que decoram a vida dos nobres. Ao escrever a célebre crônica *O conde e o passarinho*, inspirada em Francisco Matarazzo, compra uma briga perigosa com o patrão Assis Chateaubriand. Não se angustia com esses embates. O Urso tem desprezo imenso pelos protocolos da nobreza. Um dia, um amigo que mora no exterior telefona avisando que está no Rio e que vai visitá-lo em sua cobertura. Levará consigo uma certa condessa, de quem se tornou namorado. "Melhor você não trazê-la", adverte. "Há o perigo de que eu a trate mal." Está sendo sincero, pois conhece os limites do próprio temperamento. O amigo não aparece. A alma de camponês o impede de compreender certas sutilezas da vida social.

Nos anos dourados da década de 50, Braga frequenta com desenvoltura a noite de Copacabana. Pode ser visto no tradicional Alcazar, da avenida Atlântica, na Cantina Sorrento, que fica no final do Leme, ou no Maxim's, na rua Fernando Mendes, provavelmente o primeiro bar fechado da cidade. Nos exíguos metros quadrados do Maxim's, o Urso convive com Ari Barroso, Di Cavalcanti, Fernando Sabino, Vinicius de Moraes. Ali rascunha, em público, sua futura cobertura. Depois vêm o Sacha's, o Vogue e outros signos noturnos de uma época em que o Rio de Janeiro ainda é muito pequeno e em que os amigos se esbarram na noite como pássaros insones.

Braga se torna, mais tarde, frequentador do Veloso, futuro Garota de Ipanema. O bar tem uma pequena sala de 3 x 3m, cercada por uma varanda. Os amigos chegam sempre por volta das seis da tarde e se instalam nas mesas que beiram a calçada, aspirando a brisa marinha. Lá estão, novamente, Otto Lara Resende, Ari Barroso, Tom Jobim, Paulo Mendes Campos. Millôr, que é também frequentador aplicado, gosta de brincar com o Urso a respeito de sua nova "casa": "Você não mora num apartamento, mora numa corrente de ar", diz. Ali, naquelas noites quentes em que se busca a intimidade plena, em que a vida é devorada aos golpes de vento, o Urso traça seu destino.

Mas Braga só chega ao bar depois de passar horas debruçado sobre uma folha de papel, arrematando a crônica do dia. Anos depois, a noite passa a ter seu ponto alto no terraço da cobertura. Todos os bares da cidade parecem se concentrar naquele apartamento. Além disso, a cobertura tem as vantagens caseiras oferecidas por uma residência. O Urso tem a sorte de ter uma ótima cozinheira. Por volta da meia-noite, amigos mais íntimos como Armando Nogueira e Otto Lara Resende costumam aparecer para enterrar os ossos do almoço. Juntam-se ali, diante daquelas sobras deliciosas, e degustam o passado que se materializa em boas garfadas. Nessas horas, o pragmático Braga se limita a dizer: "Está uma delícia." Sorvem, mais que tudo, o sumo da amizade descomprometida.

O Outro

A vida parece lhe armar acidentes quase ridículos. Nos anos 70, o gerente de um restaurante de Niterói lhe telefona reclamando de um cheque devolvido pelo banco porque a assinatura não coincide. "Nunca fui a um restaurante em Niterói", ele responde. E desliga. Dias depois, é a vez da gerente de uma sapataria. "O cheque que o senhor usou para pagar aqueles oito pares de sapatos não foi aceito", a moça reclama. "De repente, estão todos loucos", suspira. Começa a dar voltas e mais voltas pela varanda. Algo o inquieta — algo que não pode recordar. Só depois de muito esforço se lembra de que, certa noite, ao chegar em casa, se dera conta de ter perdido um talão de cheques. Há um patife agindo em seu nome. E sempre em Niterói. O sujeito abre crediários, espeta contas em bares, assina promissórias, age em seu lugar. Esse segundo Rubem Braga quase o enlouquece. O Urso tenta persegui-lo, cerca-o como pode, mas ele escapa. Por fim, desaparece de cena. Só muitos meses de sofrimento depois a polícia prende o falsificador.

O tempo passa. Agora, o cartunista Ziraldo folheia um velho livro de assinaturas do tradicional Bar Luís, na rua da Carioca, organizado em 1937, quando a casa completou 50 anos. Meio século depois, ele encontra no álbum uma assinatura de Rubem Braga. "Poxa, aos 24 anos de idade você já frequentava o Bar Luís", diz a voz divertida pelo telefone. Braga sabe que isso não é verdade. Vai ao bar, confere o velho livro e constata que se trata do autógrafo de seu famoso homônimo, o professor Rubem Braga, titular de direito civil em Niterói e ex-redator dos debates do Senado Federal, nos tempos em que o Rio de Janeiro era a capital.

O Urso não gosta da ideia de ter um duplo. Tempos depois, folheando um jornal, o cronista esbarra com a notícia de que um certo Rubem Braga está processando o dono de um bar vizinho à sua casa por causa do barulho. Entusiasmado com o sofrimento de seu homônimo, Braga escreve uma crônica pedindo que o proprietário do botequim ponha o volume de seu rádio ainda mais alto.

O tempo passa novamente. Uma manhã, o correio entrega na cobertura dois recortes de jornais do Nordeste que estampam seu necrológio. O redator, compactando dois Bragas em um só, elogia dois livros do cronista morto: *O conde e o passarinho* e *Direito industrial...*

O mistério é desfeito pelo detetive Carlos Drummond de Andrade, no dia em que folheia, distraído, um exemplar da *Fon-Fon* de 26 de junho de 1909 — portanto, quatro anos antes de o velho Braga nascer. Está escrito: "Também Rubem Braga vestia um sobretudo grosso, debaixo desse sobretudo um veston ainda mais grosso, debaixo desse veston um colete ainda mais grosso. Era uma verdadeira couraça." Apesar disso, o repórter da *Fon-Fon* consegue encontrar num bolso interno do paletó desse segundo Rubem Braga um cartão-reclame do Café Mogol, a torração de café de que é proprietário, situada na rua Senhor dos Passos, Centro do Rio. Esse outro Braga é também articulista de *A Tribuna* e de *O País*.

Braga não gosta de pensar em tantas coincidências perigosas. "Eu sempre digo que Rubem Braga, basta um", desabafa. "Eu mal dou conta de mim, como vou dar de dois mins?"

O cronista vai a Angra dos Reis, no litoral sul-fluminense, para um fim de semana. Volta empolgado, pois julga ter descoberto seu modelo de paraíso. "Em parte alguma do Brasil há tão grande intimidade entre a terra e o mar", escreve. Seu sonho, a partir daí, é ter um pequeno sítio como o que visitou em Tanguá, ou um outro que conheceu em Moçoaba. O milharal cresce a três metros das ondas, vacas sonolentas encaram o oceano, cajueiros, pitangueiras, jaqueiras, mangueiras e abius têm os caules molhados pelas grandes ressacas. O café cresce à sombra dos ingazeiros junto da praia, e as jabuticabas se espalham pelo chão. Ilhas e mais ilhas, bambus oscilantes, a brisa empurrando as folhas e a areia fina que voa para recobrir a fronteira da mata. Braga volta ao Rio de Janeiro, porém, chocado com a autoestrada Rio – Santos, ferida de asfalto que parte seu paraíso ao meio.

123

PATRIOTISMO

Na primeira metade dos anos 50, o Urso, acompanhado de seu amigo inseparável Joel Silveira, cria a revista *Comício*, um tabloide literário-político. A revista reúne colaboradores de prestígio como Thiago de Mello, Paulo Mendes Campos, Fernando Sabino, Sérgio Porto e Clarice Lispector. Envolve-se, mas conserva sempre uma prudente reserva, pois teme que o patriotismo os leve longe demais. Talvez ao ridículo. Na redação, tomado por furor verde e amarelo e para comprovar suas suspeitas, Joel Silveira recebe os companheiros com a saudação: "De pé pelo Brasil!"

PEDRAS

Braga agora pode ser visto em um dos bancos de praça de seu terraço. Tem no colo pedaços de pedras semipreciosas: ametistas, turmalinas, lascas de quartzo, amuletos que tem o hábito de comprar em casas de *souvenirs*. Elas são materializações de seu amor pela dureza e pela realidade substantiva. Seu signo zodiacal é Capricórnio, o signo da pedra.

Em viagem à Bahia, Braga se toma de amores pelos cristais de rocha com dendritros — pequenos desenhos naturais. No quartzo, descobre, esses desenhos assumem o apuro da arte chinesa. Empolga-se e sai à cata de vendedores de pedras brutas. Não os encontra. Volta então, desiludido, às lojas de *souvenirs*.

Braga está agora em viagem a Lajeado, no Rio Grande do Sul, onde tem a chance de visitar uma firma exportadora de ágatas e ametistas. O principal importador é a Alemanha. Ele se escandaliza com a descoberta. Como pode o país mandar para fora o que tem de mais belo? Sua paixão pelas pedras cresce.

PESCARIA

O Urso se transforma aqui em imenso Lobo do Mar. Conhece os ventos e correntes, sabe de cor as manhas marinhas, conversa com as ondas. É um excelente pescador. Seria também um grande caçador, não fosse seu amor derramado pelos animais, em particular pelos pássaros. Diante deles, faz pose de ornitólogo. Mas nem assim é difícil imaginá-lo, menino ainda, com uma atiradeira na mão. Conserva, com esses hábitos, bons nacos da infância, estado de leveza que jamais o abandonou.

PINTORES

É um admirador silencioso das artes plásticas. Djanira, Di Cavalcanti, o escultor Ceschiatti estão entre seus artistas prediletos. Compra muitos quadros, com que adorna a sala de sua cobertura, mas não gosta de a eles se apegar. Braga é um negociador nato. Frequenta leilões, propõe trocas, visita feiras de artistas jovens e muda, sempre, os quadros que tem em casa. Em horas improváveis, em que as grandes galerias de arte estão vazias, visita as exposições, em particular as de artistas iniciantes. Julga-se um caçador de novos talentos. Nos últimos anos de vida, porém, o cronista é obrigado a se desfazer de algumas das telas que mais ama para fazer dinheiro.

Gosta de rascunhar seus desenhos, sem qualquer expectativa de que possam expressar uma vocação. Em fins dos anos 50, o Urso copia, em um fundo de papelão que reforça a moldura de outro quadro e apenas para se distrair, uma certa tela de Segall, presente carinhoso que ganhou do próprio pintor. São vaquinhas que pastam sobre um morro coberto de pinheiros. Distraído, deixa a cópia deitada em uma gaveta de seu quarto. Muito tempo depois, seleciona alguns desenhos e gravuras para emoldurar com um japonês sonso de quem pensa ser amigo. A cópia imperfeita do Segall vai, por engano, atrás de outra tela. O japonês, naturalmente, descobre o "Segall" secreto e pensa em tirar partido da distração de seu cliente. Julga ter descoberto um tesouro.

Braga leva várias semanas para pegar os desenhos no moldureiro. Quando, finalmente, vai pegar sua encomenda, nem percebe que o falso Segall não voltou. O moldureiro japonês, certo de que está fazendo um grande negócio sujo, guarda seu "Segall" e, tempos depois, o vende para Renato Acher. O tempo passa novamente. Certo dia, Braga vai a uma festa na casa de Acher. O anfitrião, todo empolgado, mostra um novo Segall que acaba de comprar. Braga, para escândalo dos convidados, saca de um pilô e, diante do estupor do amigo, escreve ao pé da tela: "Segall por Rubem." Só depois de provocar um breve alvoroço, relata a verdade.

Mas há também uma história do Segall verdadeiro. Braga está em dificuldades financeiras. Um ricaço, amigo de amigos, o visita, interessado em adquirir alguma tela de sua pinacoteca. O cronista, porém, não pretende se desfazer de seu Segall. É exatamente por ele que o visitante se interessa. Tanto insiste que, tocando na carência de Braga, consegue comprar o quadro. Um dia Segall sabe da história. Não se aborrece. "Diga ao Braga que, quando ele precisar de dinheiro, tenho um amigo em São Paulo sempre interessado em comprar." O amigo é o próprio pintor.

O Urso circula, agora, por sua pequena galeria particular. A sala da cobertura está decorada por telas de Di Cavalcanti, Guignard, as mulheres nuas de Carlos Leão, as telas primitivas de Djanira, os bules azuis de Carlos Scliar. Tem paixão especial por esses bules, que lhe trazem a recordação de uma história deliciosa envolvendo seu amigo Antônio Callado. Certo dia, Callado recebe de presente de Scliar o desenho de um bule azul. "É um autorretrato", Scliar diz. A história rende a Callado, mais tarde, a célebre crônica intitulada "O pintor como um bule azul". Braga, a partir daí, se fascina pela ideia de equiparar os homens aos objetos. Julga que, em bom pedaço da vida, é assim que vivemos, jogados de um lado para outro, desalojados pelo destino, esquecidos como coisas.

Apesar do gosto sofisticado, Braga tem a um canto de sua sala um azulejo interiorano e vulgar com a inscrição: "Esta é a casa de um solteiro feliz." Sempre que algum amigo, diante do azulejo, resolve fazer gracinha e invejar aquela expressão ingênua de felicidade, o eterno pessimista comenta: "Sou feliz. Mas isso não me basta."

O Urso é, na verdade, um pintor frustrado. Para compensar, se tornou um crítico de arte muito isento e severo. Não perde tempo, porém, escrevendo crítica de arte; prefere que os pintores o procurem para ter sua opinião diretamente. Colecionadores importantes e inseguros cultivam o hábito de procurar Rubem Braga antes de uma troca, ou uma aquisição. Torna-se um grande conselheiro de artes plásticas. Expõe seus conhecimentos em um livro quase desconhecido, *Dois primitivos*, um estudo sobre as obras de Heitor dos Prazeres e Djanira, editado pelo Serviço de Documentação do MEC e decorado com belas reproduções.

Certa época, o Urso se põe a pintar. Quer, por fim, realizar o sonho secreto de ser pintor. Mas não se satisfaz com os próprios esboços. Também nas viagens, ele só se interessa em visitar museus, galerias, exposições. A literatura, nessas horas, se torna um quase nada. Gosta de uma confissão de Marc Chagall: "Sinto-me mais leve, mais livre, diante da tela, e me escondo em minha arte como em um buraco. Entro nesse buraco como em um templo onde eu quisesse oferecer-me em sacrifício."

Não gosta, porém, das vanguardas. Acha que o pintor deve pintar quadros e isso deve bastar. Empolga-se com as teses antivanguardistas de um crítico de respeito como Ferreira Gullar. Não suporta esses rapazes que tiram a roupa em plena galeria para expor sua obra. A arte, o Urso pensa, precisa da fronteira das molduras. Precisa do chão da tela em branco para então se erguer. E não precisa de engraçadinhos, nem de gracinhas conceituais.

Admira a pintura de Henri Rousseau, de quem viu uma exposição no Grand Palais, em Paris. Gosta de lembrar da imagem de Rousseau, cheio de importância, sempre com a boina e a paleta em que mandara gravar os nomes de suas duas falecidas esposas, a pontificar pelos salões franceses. Rousseau, mestre do lirismo, morreu pobre e foi enterrado como indigente. Quando vivo, um de seus quadros foi comprado por um Museu de Horrores, mas acabou valendo, bem mais tarde, muitos milhares de francos. O cronista vê um pouco de si em Henri Rousseau. A obstinação pelo próprio caminho, a certeza de que as coisas simples valem mais e um certo desleixo, que nada mais é que uma forma de dizer ao mundo que a vida é tão boa que viver é o bastante.

Braga, agora, está pronto para ir a mais um leilão. Senta-se em lugar discreto e saca um pequeno bloco do bolso. Anota os valores: um Milton Dacosta é vendido por 37 milhões, um óleo sobre tela de Cícero Dias por 50 milhões, duas têmperas de Volpi são negociadas em conjunto por 60 milhões. Sempre que pode, compra novas telas para o salão da cobertura. Na maior parte das vezes, no entanto, vai aos leilões apenas para namorar a arte à distância.

A pintura é, por fim, responsável por uma de suas maiores frustrações. Voamos até os anos 50. O amigo Clóvis Graciano, passando uma temporada em um pequeno hotel de Montparnasse, em Paris, vê de sua janela, num terraço do *boulevard*, um velhinho de barbas brancas que toma um chope. É Henri Matisse. Perde-o de vista. Dias depois, conversando com um garçom do bar, consegue o endereço do pintor. Decide visitá-lo. Braga está em Paris, e Graciano o convoca como companheiro de jornada. "Será a mais importante entrevista de minha vida", o Urso murmura, enquanto se dirigem para a casa do pintor. São recebidos por uma velha empregada. "*Monsieur* está ouvindo rádio e cochilando no sofá", explica. "Primeiro, preciso acordá-lo." Braga estica o pescoço e vê: no fundo da sala, entregue a um sono profundo, Henri Matisse, no topo de seus 81 anos. "Não o acorde. Voltamos outra hora", o cronista diz. Mas a velha senhora parece determinada: "Não se preocupe, ele passa o dia todo assim, dormindo e acordando." Braga insiste que o artista não deve ser incomodado. Os dois amigos, quase fugidos, se vão. A entrevista nunca será feita. Um mês depois, visitam uma exposição de Matisse na Maison de La Pensée Française. As peças, recentes, são absolutamente joviais. Braga se volta para Graciano e diz: "Devíamos tê-lo acordado." Repórteres não podem ser tão delicados.

POESIA

O velho Braga sente um doce constrangimento quando uma amiga lhe conta ter conhecido pessoalmente um grande poeta brasileiro — o nome é melhor omitir — que lhe causou imensa decepção. Antes do encontro, a desapontada senhora relata, o poeta lhe parecia um indivíduo forte, de temperamento magnético e personalidade especial. A realidade, porém, revelou um homem comum, de humor rançoso e índole depressiva. A digna senhora teve a honra de almoçar com o poeta e não se cansou de esperar, entre uma garfada e outra, que ele lhe servisse comentários inteligentes, metáforas lustrosas e consolo intelectual. Nada ouviu que prestasse. O grande poeta é monótono, diz coisas banais, chega a ser repetitivo e até desagradável. É um homem amargo, para quem o mundo não tem nenhum encanto. Falta-lhe, a nobre senhora conclui, alguma poesia.

Braga tem que conter um riso adocicado enquanto a ouve. Sabe que a maioria das pessoas, entre elas incluídos muitos daqueles que se denominam poetas, confunde o poético com a poesia. "Não o desame por não ser poético", Braga conforta a inconsolável senhora. "Isso não é seu ofício. Ele é simplesmente um poeta."

Em fins de 1954, cai-lhe nas mãos, por puro acaso, um soneto de E.E. Cummings: *"it may not always be so..."* (talvez não seja assim...). Fica encantado, em particular, com o romantismo exacerbado de Cummings, e decide lançar um concurso de tradução do poema, que é patrocinado pela revista *Manchete*. Setenta traduções são inscritas. No fim, o prêmio é dividido entre Raimundo Magalhães Júnior e Daniel Martins Júnior.

Braga não conhecia Cummings, àquela época uma espécie de propriedade intelectual de Augusto de Campos, seu grande tradutor no país. Remete um recorte da reportagem sobre o concurso para a poeta americana Elizabeth Bishop, que vive na casa de sua amante Lota Macedo Soares, em Petrópolis. Bishop, por sua vez, o despacha para Cummings, que se surpreende com o interesse que sua poesia desperta no Brasil. Braga é assim: prefere pegar a arte com mãos limpas, sem a maquiagem dos grandes teóricos e das grandes interpretações. Fosse pela via aberta pelos grandes estudiosos, e provavelmente jamais seria tocado pela poesia de Cummings.

A poesia lhe ensina a importância da simplicidade. "O verso mais bonito da língua portuguesa é escrito com as palavras mais simples", gosta de dizer. Refere-se ao célebre verso de Luís de Camões: "A grande dor das coisas que passaram." Em 1980, a pedido de amigos pernambucanos, Braga reúne 14 poemas em um pequeno livro de tiragem limitada. Depois de sua morte, em 1990, seus versos bissextos têm, pela primeira vez, uma edição digna. A lição de simplicidade é seguida à risca nesse *Livro de versos*, seu único livro de poemas.

Apega-se a uma definição de W.H. Auden, que repete assim: "A poesia procura o homem só até uma certa idade. Depois, é ele quem a procura."

POLÍTICA

Braga é um homem cético. Na juventude, é simpatizante do comunismo. Depois, ao lado de João Mangabeira e Hermes Lima, se torna um dos fundadores do Partido Socialista Brasileiro. Apesar dessa filiação, sua única identidade política nítida talvez seja o antigetulismo. Quando, em 1935, os *Diários Associados* o enviam para uma temporada no Recife, a versão dominante é a de que viaja a mando do Partido Comunista. "Na verdade, o PC não mandara Rubem Braga, nem podia mandar", ele mesmo esclarece em uma crônica, "simplesmente porque o mesmo não era do partido."

Sente, desde cedo, grande desprezo pela política e por seus sacerdotes de todos os matizes. A simpatia pelo comunismo é, como em tantos casos, apenas uma vaga consequência desse mal-estar ideológico. O golpe militar de 64 o pega em Petrópolis. Mais exatamente, comendo uma deliciosa empadinha com chope no restaurante D'Ângelo. Chove torrencialmente e Petrópolis parece, a essa hora, um terreno fechado a qualquer investida militar. Apesar disso, um batalhão de caçadores parte pela estrada União e Indústria para se bater com tropas sublevadas que descem de Minas.

Há, no comando desse heroico batalhão, um oficial de nome Kerensky, que empresta a Braga uma sensação levemente russa. Os heroicos defensores da lei, contrariando o clima de guerra, acabam se confraternizando com os sublevados. A tempestade, ao que parece, a todos iguala. Braga, indiferente ao movimento de tropas, dá um telefonema para uma namorada no Rio de Janeiro, e resolve descer a serra. Só se preocupa com a chuva. No caminho, o ônibus é detido por um grupo de militares para rigorosa revista. Algumas senhoras mais alvoroçadas começam a gritar: "Viva o Exército brasileiro! Viva a Revolução." Os soldados, no entanto, não entendem muito bem aquela exaltação feminina. Braga e alguns deles, espantados, se entreolham. Assim que as senhoras retomam seus lugares no ônibus, Braga e os rapazes da tropa, ainda sob a chuva, dão juntos boas gargalhadas.

Agora, no topo da idade, o Urso já não tem nem mais as pálidas certezas da juventude. Choca-se ao ler um trecho do discurso do presidente soviético Konstantin Chernenko, em que ele diz que os escritores russos devem focalizar em suas obras os heróis do comunismo e traduzir literariamente a política do Kremlin. Braga tenta se consolar. Pensa: "As agências sempre exageram. O homem não deve ter dito exatamente isso." Mas nem esse pensamento o conforta. Dias depois, vê na televisão um rápido *flash* de um discurso de Chernenko. "Esse sujeito tem uma voz de enfisema", comenta com alguém a seu lado. Mas não é só a voz: para o cronista, Konstantin Chernenko simboliza uma velha geração de políticos marxistas que sofre de destruição em suas paredes cerebrais e morais. "É o enfisema de espírito", define, fazendo a seu modo o enterro das ilusões comunistas.

Não gosta nem um pouco da relação promíscua que os intelectuais costumam ter com a política. Em particular, da praga dos manifestos, que rondam de mão em mão pelas redações de jornal, bares e livrarias, sempre raivosamente contra ou a favor de alguma coisa, com sua cauda de assinaturas impensadas. Braga jamais assina um manifesto. Constrange-se mais ainda quando lhe telefonam pedindo autorização para colocar o seu nome sob tal ou qual arrazoado. Sente-se usado. Nessas horas, odeia ainda mais os procedimentos clássicos da política e despreza os intelectuais militantes.

O cronista assiste, no *Jô Soares, onze e meia*, a uma entrevista do velho líder comunista Luís Carlos Prestes. Alguém lhe pergunta, terminada a conversa, o que achou de Prestes. A definição, sumária, é perfeita: "Sempre tão honesto, sempre tão errado..." Braga sabe que, em política, a honestidade não abona a verdade. Certa vez, os comunistas o convidam para entrar para o Partidão. Não aceita. Mais tarde, em entrevista a uma revista semanal, justifica: "Eles tinham um preconceito muito grande contra pequeno-burgueses e intelectuais. E eu era as duas coisas."

Uma lembrança lhe vem: os dias da Revolução de 30, quando julga ter entendido, para sempre, a essência da política. Vai ao médico na rua São José, no Centro do Rio. Na saída, dá uma passada na Galeria Cruzeiro. A avenida está tomada por gritos: "A Revolução venceu! Viva a Revolução!" Dezenas de automóveis desfilam, decorados com lenços vermelhos. Assiste, ao lado do amigo Leonardo Mota, a quem encontra por acaso, ao incêndio do jornal *O País*. Os bombeiros sobem nas escadas para lutar contra o fogo, mas o povo grita para que desçam e se unam à festa. *O País* deve arder, como a chama da vitória. Andam até o palácio Monroe, onde um amigo distante faz um discurso montado em um dos leões da fachada. "Era uma alegria de que eu não participava, mas que olhava com calma, com uma certa melancolia, como achando que meu povo tinha ficado doido", escreve depois. Pode entender ali, para sempre, a loucura da política.

PORTUGAL

Amante da língua mãe, Braga é um colecionador entusiasmado de provérbios portugueses. Em horas impróprias, gosta de ruminá-los, como deliciosas balas de adoçar a língua. Esses provérbios dão conta, mais uma vez, de seu gosto pela terra e pela natureza. Alguns dos seus preferidos, que aparecem salpicados ao longo das crônicas: "A burro velho, capim novo." "A uns morrem as vacas, a outros parem os bois." "Adeus, Anica, se o teu galo canta, o meu repinica." "O cão velho, quando ladra, dá conselho." "Casei com a gata por causa da prata, roubaram-me a prata, fiquei com a gata." "Diz o asno às couves: *pax vobis.*" "Falai o boi, e disse *béu.*" O velho Braga arranca do saber singelo dos ditados algumas de suas melhores lições.

Ele é um homem intrigado com as diferenças entre o português falado no Brasil e aquele falado em Portugal. Em Lisboa, mancebos; no Rio de Janeiro, rapazes. Em Portugal, "encerrado aos sábados"; aqui, "fechado aos sábados". Lá, "imensa gente"; entre nós, "uma porção de gente". Em Portugal, se diz que o resultado de um jogo foi "zero-zero"; no Brasil, se fala em "zero a zero". Pequenos detalhes, insignificantes na aparência, mas que podem criar grandes complicações para o viajante. O Urso coleciona mais e mais exemplos, e acaba levando os menos avisados a achar que está diante de duas, e não de uma só língua. O sonho secreto de Braga é escrever um livro de diálogos luso-brasileiros, que teria o nome de "Guia da conversação luso-brasileira".

Tem um livro de cabeceira inseparável: o *Dicionário contrastivo luso-brasileiro*, de Mauro de Salles Villar. O autor explica, no prefácio, que teve a ideia de fazer o dicionário em 1977 quando, recém-chegado a Lisboa, pede à empregada que deixe certos legumes sobre a pia e os encontra, mais tarde, sobre a tampa da privada. Braga, como um bom hipocondríaco da língua, quando vai a Portugal não se separa do dicionário, com medo de cair em ciladas parecidas.

Podemos vê-lo agora, na varanda da cobertura, a anotar em um velho caderno provérbios que acaba de descobrir. "À barba cã se entrega a moça louça." "Antes casa arrependida que freira aborrecida." São momentos reconfortantes, de absoluta intimidade com a língua, em que o cronista forma sua escrita.

PRAIA

Na praia de Copacabana, em pleno Posto Quatro, um rapaz carrancudo circula entre os banhistas. A seu lado estão tipos provocadores e cheios de orgulho como Neném Prancha, Carlinhos Niemeyer, Rafael de Almeida Magalhães e Millôr Fernandes. A praia é, nesses solares anos 40, um território machista, dominado por rapazes bons de bola e de lábia afiada. As mulheres existem apenas para decorar a manhã.

Mais velho, já postado no convés de sua cobertura, a praia se torna para o cronista apenas uma paisagem. Tão estática, imóvel e improvável quanto uma tela primitiva. Quando os amigos o convidam para uma ida a Ipanema, responde: "Prefiro a minha praia de cima." E desfia seus argumentos: ela não tem areia para sujar os pés, não tem ondas fortes a tragar moças desprevenidas com suas barracas e esteiras, não tem ambulantes com seus gritos infernais, não tem boladas inconvenientes despachadas por machos imbecis. Debruça-se em sua murada e, dali, tem sua vista particular do mar, mais altiva, mais profunda e mais definitiva.

Gosta, sim, de ir à praia bem cedo, quando o horizonte ainda está encoberto pela névoa da madrugada e a areia está deserta. Mergulha, então, na água gelada da manhã, sente o prazer de algumas pancadas de onda nas costas e volta para tomar um pouco de sol. Depois, caminha ao longo do mar, chutando os montes de espuma branca que o atropelam. O cronista se senta, então, numa ponta de areia e olha a mulher que passa com uma criança, como se mirasse uma tela impressionista. A paisagem, suavizada pela brisa da manhã, se torna etérea e irreal. O mundo, visto assim, parece menos rude e mais respirável. Agora vemos três velhos amigos, o Urso entre eles, metidos em seus calções horrendos, tomando sol nas areias de Ipanema. Ainda é cedo. O mar está violento e vazio. Ondas imensas desafiam os três velhos que, sem se importar, mas sem perder o respeito, espreitam aquelas lanças de espuma. Estão tão à vontade juntos que não precisam das palavras. Não é preciso fazer pose, nem dizer frases incertas. O silêncio e a amizade bastam. Depois, conversam sobre antigos amores, riem do passado, gozam a si mesmos. Falam com tanta liberdade que suas palavras parecem pensamentos em voz alta. Já viveram tantas coisas juntos, e tantas outras sozinhos, que não têm muito mais a se dizer. Não têm muito tempo a perder um com outro. Pouco depois, os três homens se vão, cada um para seu lado. No elevador de seu prédio, Braga pensa que talvez a felicidade seja isso: a simplicidade máxima, a paz absoluta, a sensação de que nada mais precisa acontecer.

Os primeiros citados devem ser, obrigatoriamente, José de Alencar e Machado de Assis, os pais da crônica brasileira. Mas não pensamos aqui no cronista, e sim no grande anfitrião. Braga, com sua simples presença, consegue imantar a cobertura e a ela atrair grandes artistas e intelectuais. O grande precursor de Braga, o anfitrião, talvez tenha sido o cronista Álvaro Moreyra, morto em 1964. Em sua casa na rua Xavier da Silveira, 99, em Copacabana, não muito longe dos jardins suspensos, Álvaro promove, nos anos 30, magníficos saraus. Em uma só noite, lá podem ser encontrados Carlos Lacerda, Olegário Mariano, Aníbal Machado, Raul Bopp, Jorge Amado, Graciliano Ramos, Érico Veríssimo e o Barão de Itararé. O centro magnético da casa de Álvaro Moreyra é sua estupenda biblioteca, com centenas de volumes delicadamente encadernados pela mulher, Eugênia.

Moreyra faz, sempre aos sábados, uma famosa feijoada. Os encontros que promove são os precursores, primeiro, das célebres domingueiras de Aníbal Machado; e, mais tarde, dos *sabadoyles*, de Plínio Doyle, e da *open house* de Rubem Braga. "Só que tua *open house* não é tão *open* assim", gosta de desafiar Joel Silveira, apoiado em seu currículo de assíduo frequentador. Essa é, de fato, a grande diferença.

Braga admira em Álvaro Moreyra o amor aos burricos e às corujas. "Era sua delicada maneira de amar a humanidade", escreve. Admira, ainda, o comunismo de Moreyra, "todo feito de sonho e bondade". Enaltece, por fim, sua literatura, que veio do simbolismo e chegou à crítica social, mas sem perder a doçura e a melancolia — que são, afinal, atributos também das crônicas assinadas por nosso grande Urso. É ainda um entusiasmado admirador de Aníbal Machado. Nos anos 60, vai visitá-lo, já desenganado e à beira da morte, vencido por um câncer e por graves problemas no coração. Para sua surpresa, ao tocar a campainha da casa, é o próprio Machado quem atende, ágil e cordial, tratando a doença grave como um simples resfriado. Braga volta a admirar os modos silenciosos e viris do amigo, que sabe dar lições de vida sem prédicas, ou preleções, mas apenas por atos. E seu gosto espantoso pela vida, que nem a iminência da morte é capaz de turvar.

Difícil entender a rotina do Urso em sua cobertura. Poucos seres terão vida mais opaca e enigmática. Um dos visitantes frequentes — talvez o homem que mais noites passou no quartinho de hóspedes que dá para o terraço — é o artistas plástico baiano Carybé. É um hóspede quieto e observador. Certa manhã, despedindo-se antes de tomar o avião de volta a Salvador, Carybé abre o jogo: "Não entendo muito tua rotina", começa. "Você acorda, arrasta os pés até o terraço, deita na rede, olha um passarinho, vai à geladeira, volta à rede, dorme mais um pouco, acorda, escreve um tanto, volta a dormir." Enfastiado com a própria descrição, Carybé silencia, para depois concluir: "Cheguei à conclusão de que, perto de você, o Caymmi é o operário padrão." Dorival Caymmi, conhecido por sua infinita preguiça, compôs pouco mais de cem músicas ao longo de toda a vida — a média estressante de duas músicas por ano.

Uma das manifestações mais irrefutáveis do espírito preguiçoso de Braga está na seção "A poesia é necessária", que inventa para ocupar um bom pedaço de sua página semanal na *Revista Nacional*. Publica, ali, só poemas assinados por outros poetas, jovens e promissores, ou maduros e famosos. Quando recebe o primeiro original, o editor Mauritônio não se poupa: "Você não muda", diz. "A poesia é necessária, mas os outros é que suam."

PRISÃO

Nada mais incongruente que o imenso Urso atrás das grades. Braga é um homem, por princípio, avesso aos engajamentos políticos. Mas, apesar desse temperamento solitário, não escapa da experiência da prisão. Aos 19 anos, cobre a Revolução Constitucionalista para o *Diário da Tarde*, de Belo Horizonte. Vai para a frente governista na Serra da Mantiqueira e procura se limitar aos fatos. Apesar disso, é preso como espião paulista, trancafiado por alguns dias em uma cela em Divinópolis, e devolvido depois a Belo Horizonte. A experiência, porém, o aproxima de alguns homens que terão, no futuro, grande destaque na vida brasileira, entre eles Juscelino Kubitschek, na época um simples médico da

Força Pública, Adhemar de Barros, simplesmente um soldado, e Benedito Valadares, que ocupa o posto de chefe de polícia e censor das tropas.

Está, agora, com 22 anos e chega ao Recife para trabalhar como repórter no jornal comunista A Folha do Povo. É preso por alguns dias, sob suspeita de ser agente comunista. Ainda no alvorecer do Estado Novo, a sina se repete mais uma vez. Getúlio Vargas implanta o novo regime. Jorge Amado, outro inimigo mortal do getulismo, o convida para passarem juntos uma temporada em uma fazenda no Sergipe e esfriarem a cabeça. O romancista o aguarda em Salvador. Braga, acompanhado por Zora e pelo filho Roberto, toma um navio francês em Santos. Durante a escala no Rio de Janeiro, o cronista é preso. É o dia do jogo Brasil e Itália pela Copa do Mundo de 1938. Braga é levado para uma sala escura, num ponto sombrio do Rio, onde o submetem a um interrogatório. Está enfezado e responde às perguntas laconicamente. O policial se irrita. Em sua mesa, um rádio transmite o Brasil *versus* Itália a todo volume. O detetive parece um homem durão, trata-o bruscamente e não está disposto a muita conversa. As coisas não caminham nada bem, até que a partida de futebol termina. O Brasil é derrotado. O detetive, numa metamorfose, baixa a cabeça sobre sua mesa de trabalho e começa a chorar como um menino. "Não é o fim do mundo", Braga o consola. "É apenas uma partida de futebol." O homenzarrão continua seu berreiro. O prisioneiro, então, vê uma moringa sobre uma mesa. Levanta-se. Enche um copo d'água, acrescenta fartas colheres de açúcar e o serve ao policial. "Vamos, beba só um pouquinho", diz, com o tom de uma doce enfermeira. "Logo, logo, isso vai passar." Nem a receita caseira do velho Braga revigora o pobre homem. Desolado, ele acaba desmaiando sobre a papelada do inquérito. O interrogatório se encerra ali mesmo.

O cronista está no Rio de Janeiro, em 1935, quando estoura a Intentona Comunista. Esconde-se da polícia. Para fugir, pede emprestada a um amigo sua carteira de sócio do Clube de Regatas Flamengo. Cola sua fotografia sobre a do amigo, simula um carimbo e sai à rua. "Seus documentos", um policial pede, minutos depois. "Aqui está", diz o jovem Braga, sacando sua falsa carteira rubro-negra. O policial a examina detidamente, compara a foto com o rosto do rapaz e diz: "Você está livre." Fica no Rio, durante o ano de 1936, e chega a servir de contato entre os comunistas e Otávio Mangabeira, que conspira contra Vargas. Tem entrevistas diárias com Mangabeira, que sempre o adverte: "Não se iluda, meu rapaz. Getúlio está preparando um golpe." A previsão se confirma no ano seguinte.

Em 1938, está em Porto Alegre, como redator do *Correio do Povo* e cronista da *Folha da Tarde*, quando é desterrado pelo interventor Cordeiro de Farias, sob a acusação de participar da reorganização do Partido Comunista Brasileiro. É trancafiado em um navio e, dias depois, desterrado do Rio Grande. Para sua sorte, o navio faz uma escala no porto de Paranaguá. Dá uma olhada e vê que ninguém o vigia. Faz a mala às pressas e sai calmamente, como o passageiro enfastiado de um cruzeiro marítimo. Toma um ônibus para Curitiba. Está livre.

Vale a pena, aqui, dar mais um salto no tempo. Estamos na Itália, onde Braga é correspondente de guerra. Os correspondentes brasileiros são convidados, em Pistoia, para um almoço promovido pela cúpula do Exército brasileiro. O anfitrião é ninguém menos que o próprio Cordeiro de Farias, agora general, que faz um longo discurso sobre as vantagens da democracia. Braga, destemido, o interrompe: "General, muito me impressiona o senhor falar sobre democracia, quando mandou me prender e me deportar lá no Rio Grande do Sul." O militar, constrangido, enrubesce. Tenta argumentar: "Braga, você não pode julgar os atos de um homem sem confrontá-los com o tempo." Mas o cronista é incisivo. "Nada disso, general. Para mim, democracia é democracia e acabou."

Vem o golpe militar de 1964. Iracema, mulher de Joel Silveira, telefona para Braga: "Trate de se esconder, porque vieram uns militares aqui em casa e prenderam o Joel", avisa. O Urso vai imediatamente para a casa de Fernando Sabino, na rua Caning, em Ipanema. Pouco depois, telefona para casa. A empregada atende e ele pergunta se está tudo bem. "Está tudo certinho, Seu Rubem. Só vieram uns rapazes de cabelinho cortado perguntando pelo senhor." Braga telefona, em seguida, para seu amigo Adonias Filho, que tem ligações com os militares golpistas. "Descubra, por favor, o que eles querem comigo", pede. Adonias liga para o general Sizeno Sarmento, o militar número um dos golpistas no Rio de Janeiro. O general ouve as ponderações do romancista e depois sugere: "Diga ao Braga que ele fique onde está, bem escondido, e aguarde os acontecimentos." O cronista fica na casa de Sabino.

137

Uma semana depois, Sizeno Sarmento manda avisar a Rubem Braga que ele deve depor no regimento Caetano de Faria, na rua Frei Caneca. Adonias passa o recado: "O general pede que você se apresente no quartel às oito horas da manhã." O Urso, sempre preguiçoso, ainda protesta: "Será que não pode ser às dez?" No quartel, é recebido por um educado coronel. "Dr. Rubem...", ele cumprimenta. Braga o corta. Com voz enfezada, diz: "Vamos estabelecer o seguinte: se o senhor quer me tratar com cerimônia, me chame de Embaixador. Se quiser me tratar na intimidade, me chame simplesmente de Rubem. Mas de doutor, nunca!"

O coronel, sem pedir a pose, continua: "Pois bem, Embaixador. Queira por favor se sentar." Braga se senta. O coronel abre então uma pasta que contém uma pequena pilha de recortes com crônicas que assinou na imprensa. Muitos trechos estão assinalados com lápis vermelho. "Vou ler um primeiro trecho", diz, "e o Embaixador me explicará, em seguida, o que quis dizer com ele." Nem começa a ler. Braga ergue a voz: "O senhor conhece o Constantino?", pergunta. "Mas que Constantino?", o coronel se surpreende. "Constantino, aquela loteria do jogo do bicho", continua. "E o que tem o bicho a ver com nosso interrogatório?", o coronel pondera, já incomodado. "Ali, naqueles folhetos de aposta, há uma frase: 'Vale o escrito.' Para mim é a mesma coisa: eu escrevo e depois não tenho que explicar nada. Nesse ponto, estou com o Constantino e nem adianta o senhor perder o seu tempo." O interrogatório se encerra por ali. O coronel, constrangido, convida Rubem Braga para almoçar com a tropa. Ele aceita. Depois, pede que um carro do Exército o leve de volta para casa. No ano seguinte, ainda durante o governo Carlos Lacerda, porém, os militares exigem o afastamento de Rubem Braga do elenco de cronistas do *Jornal do Brasil*.

Muitos anos depois do episódio, Rubem Braga assina na *Revista Nacional* uma crônica chamada "Os filhos dos torturadores". Nela, reflete sobre as dificuldades que muitos oficiais do Exército têm para encarar os próprios filhos, depois de torturar oposicionistas nos quartéis. No dia seguinte, um oficial do Serviço Nacional de Informações chega à sede da revista, na avenida Paulo de Frontin, no Rio Comprido. "Essa crônica do sr. Rubem Braga calou muito mal na oficialidade e no meio militar", diz, com um exemplar da revista nas mãos.

"Há uma ordem para que a revista não publique mais artigos desse senhor."

Mauritônio, eterno conciliador, dessa vez é duro em sua resposta: "Olha, coronel, o Rubem Braga, nessa revista, pode falar mal até de mim se quiser. Eu não tenho o direito, nem o atrevimento de censurá-lo." O coronel, por sorte, é um homem sensato e se põe a ouvir os argumentos do editor. "Eu o convidei para ser a estrela da revista, e não para ser um redatorzinho qualquer", prossegue. O coronel continua quieto. Mauritônio, então, se enche de coragem e pergunta: "O senhor foi à guerra?" Ele responde, secamente: "Não, eu era muito novo para isso." "Pois o Rubem Braga foi, como correspondente no *front*, e pôs a vida em perigo para noticiar a luta pela liberdade." O coronel continua mudo. "A liberdade, inclusive, de o senhor vir aqui e me fazer essa proposta indecente." O coronel se vai. Horas depois, quando ouve o relato do amigo, Braga se delicia. "Basta argumentar, que eles cedem", diz. Aumenta, assim, sua fé no poder de fogo das palavras.

PSICOLOGIA

Braga não suporta dívidas. E admira homens que agem da mesma maneira. Todo fim de ano, manda para seu amigo Edvaldo Pacote uma garrafa de *scotch*. Pacote, cronometrado como um nadador olímpico, lhe remete, em agradecimento, outra garrafa de uísque. É um ritual inútil, de que sobram apenas a delicadeza e a gentileza. E a sensação de liberdade. Uma brincadeira entre grandes amigos que desejam estar sempre quites e em paz.

É um camponês, um homem de alma telúrica, sempre disposto a encontrar as soluções mais simples para os mais graves problemas. "Você nunca foi cooptado pelas vantagens da civilização?", lhe pergunta o amigo Paulo Bertazzi, que o conheceu através de sua ex-mulher Lila Boscoli. Braga apenas sorri.

O Urso mantém uma estranha relação com os casais amigos. Frequentemente, Bertazzi lhe telefona, despreocupado, para avisar: "Daqui a pouco, vou dar um pulo aí para te ver." E ouve a estranha resposta: "Deixa para outro dia. Não vem não, porque a Lila está aqui." Só os sólidos laços da amizade fraterna podem sobreviver a essas respostas.

O mau humor, a ranzinzice, parecem ser seu estado natural. É um homem birrento, rabugento mesmo, e nada faz para alterar essa índole. Nem motivos protocolares o fazem mudar de cara. Muitas vezes, é convidado para assistir a uma partida de futebol importante, ou um programa especial, na sala do empresário Roberto Marinho. Lá estão, entre outros, Armando Nogueira, Paulo Garcez, Cláudio Melo e Sousa. Nem nessas situações, Braga é capaz de vestir uma máscara de simpatia. "Tente sorrir um pouquinho", os amigos pedem, antes de entrarem na sala. Mas o velho Braga não se deixa dobrar.

Torna-se um especialista da alma humana, e não perde uma boa oportunidade de compor algum pensamento sobre nossa estranha condição. Ainda assim, costuma reagir aos acontecimentos como um menino assustado. Uma noite, Otto o encontra em sua rede ao lado das obras completas de Sigmund Freud. Não ousa fazer comentário algum. Em visitas seguintes, observa que a pilha vai diminuindo de tamanho. Um dia, ela desaparece. "Você já leu aquele Freud todo?", Otto resolve perguntar. "Li bastante", Braga responde. "E qual é a tua conclusão?" Braga se remexe na rede e estica o olhar até o oceano, como se procurasse a resposta alojada em algum ponto remoto do planeta, intocada pelo humano. Diz: "Minha conclusão é muito simples. Morreu, dançou." A leitura de Freud cimenta seu temperamento pessimista. Agora, ele tem provas "científicas" de que a vida nada é além de um sopro de prazer e dor.

Gosta de se definir como um "pessimista barato". Em uma de suas crônicas, está escrito: "Acaso não acreditais nisso, detestável Braga, pessimista barato?" Otto Lara Resende, certa vez, define o amigo: "Ele é um franco-atirador. Talvez o homem mais livre do Brasil." A psicologia, de fato, não tem muito a dizer a respeito de tanta liberdade.

R

Uma das marcas da personalidade de Braga é o mau humor. Melhor dizendo: a rabugice, esse estado de mau humor permanente e enervante que não tem causas aparentes, nem consequências graves. Esse homem rabugento é, na verdade, um personagem que o Urso criou para se proteger da aridez do mundo. A cena é exemplar. Está no terraço, remexe em suas flores e olha a si mesmo através do espelho negro do céu. Passa horas ruminando a vida e seus prazeres e dissabores. É, então, interrompido por uma visita inoportuna. Não pensa duas vezes: deixa que o mau humor o invada e se entrega à ácida ruminação dos ranzinzas. Com isso, se tem sorte, consegue sempre afastar os indesejáveis.

Não é um homem antipático; eis uma coisa que Braga não consegue ser. Mas sabe ser rabugento até quase o limite da agressão. Não é violento, não precisa da violência. Sabe espantar as companhias desagradáveis com uma simples e sincera emanação de mau humor.

REDE

A rede é, para Rubem Braga, a sede por excelência dos exercícios de meditação. Ele se deita. Olha as nuvens que passam, as estrelas distantes, o infinito. Entrega-se, então, à leitura. Lê o Padre Vieira e se delicia com a descrição do amor de Santa Teresa por Jesus Cristo. Detém-se em uma frase de Vieira: "Não há maior inimigo do amor que a felicidade." Deixa o livro de lado e fecha os olhos. Medita sobre seu destino medianamente feliz e deixa que o pensamento vagabundeie, sem destino, sem pressões. Meditar é não ter que tomar decisões. Não ter que chegar a lugar algum. É roubar do pensamento qualquer veleidade utilitária e fazer dele, unicamente, fonte de prazer. O Urso pega no sono. Afunda-se em meio à coberta. Sobra uma rede, tingida em vermelho forte, que se ergue sob a noite alta. Sua rede preferida. "Aqui, eu durmo e ardo", diz.

Numa passagem pelo aeroporto de Belém, Braga decide matar tempo visitando uma loja de *souvenirs*. Depois de remexer nos produtos feitos à base de pedra, sua grande paixão, depara com uma imagem de Buda. O que faria aquele Buda em Belém do Pará? É um Buda verde, feito de massa ou barro, absolutamente solitário em meio àquele amontoado de quinquilharias nortistas e peças de artesanato rústico. Ao lado do pobre Buda, está um abajur feito do casco de um tatu. Braga se põe a imaginar os sentimentos da imagem diante daquela insólita companhia. Como se sentirá um sábio que se transforma em *souvenir*? Intriga-se, também, em pensar quem será o comprador daquele profeta infeliz. E, pelo resto da vida, evocará o Buda de Belém.

Sobre a religião, gosta de pensar em uma frase de Woodrow Wilson: "Ninguém pode adorar Deus e amar o próximo com o estômago vazio." A religião, na verdade, só o interessa quando se avizinha da arte. Uma das imagens mais belas que guarda do sentimento religioso está na Catedral de Sal, no interior da montanha de Zipaquirá, arredores de Santa Fé de Bogotá, que é cavada em uma mina de salgema. Quando os espanhóis chegam à cordilheira, os índios nela perfuram um túnel que lhes serve de esconderijo. O imenso labirinto, mais tarde, é alongado. "Foi o medo de morrer que levou alguns mineiros, no fim de um túnel abandonado, a fazer a ogiva de uma capela", o cronista escreve, depois de uma visita. Com o passar do tempo, quanto mais salgema é retirado, mais cresce a catedral. "É uma grande e nobre catedral de ar, coberta de sal", descreve. "Ali se pode sentir a presença concreta de Deus." Em que outro lugar do planeta a ideia de Deus se mescla mais intimamente à natureza? A Catedral de Sal se torna, assim, a mais perfeita imagem do sentimento religioso que Braga pode conceber. Torna-se, para ele, a casa de Deus.

S

Braga não gosta de médicos, mas também não os teme. Há um episódio exemplar. Vinicius de Moraes telefona certa tarde. "Vamos fazer um *check-up?*", diz, como se convidasse o amigo para uma esticada até um bar. O poeta, magnífico hipocondríaco, está se preparando para exames de rotina e lhe ocorre convidar o amigo como companhia. Braga, sem muito o que fazer, aceita o convite. Descobre assim, por puro acaso, que tem um nódulo no pulmão.

O cronista deve, agora, largar o cigarro. Vinicius decide atemorizá-lo: "Você sabe que, nos Estados Unidos, inocularam nicotina em um rato e, pouco depois, ele morreu de câncer", relata, em tom atemorizante. "Eu não sou rato", Braga rebate sem paciência para ameaças. Sem dramas, sem grande esforço, decide porém parar de fumar. E simplesmente para.

SILÊNCIO

Esse é, talvez, o mais precioso tesouro guardado por Rubem Braga. É um homem dado a longos, extenuantes silêncios, que desafiam a paciência do mais cordato interlocutor. "Se o Braga não escrevesse, seria tratado como um idiota", diagnostica Millôr Fernandes. Tem a alma conectada em registro *low profile*, fala manso e baixo, saboreia as palavras, expressa-se com lentidão. Parece não ter muita convicção a respeito do que diz. É um falso-idiota — um homem que gosta de se fazer de tolo para se proteger e melhor saborear as circunstâncias e bazófias que o cercam. Em outras palavras: um sábio.

O cronista faz um uso muito particular do silêncio, e nesse ponto seu espírito tem mesmo algo de freudiano. Enquanto os amigos falam, exaltados, ele se põe, quieto, a ouvir. Esse exercício de paciência pode durar minutos, ou horas. Até que, em momento inesperado, o Urso ergue a voz e faz uma observação cortante. Um comentário curto, conciso, mas agudo — muito parecido com as pontuações rasantes lançadas pelos psicanalistas na penumbra de seus consultórios. Para muitos, essa característica faz de Rubem Braga uma espécie de sábio. Um homem que não tem palavras a desperdiçar e que se apega, unicamente, àqueles aspectos dilacerantes e mortais que a palavra é capaz de reter.

Nada mais falso do que concluir, a partir daí, que o cronista não gosta de falar, que é casmurro e indiferente. Reserva sua volúpia oral para meia dúzia de amigos privilegiados e situações de ampla intimidade, quando pode enfim se despir das censuras e das máscaras sociais e se entregar como um homem qualquer. É o que faz, então, cheio de prazer. E saboreia as palavras, uma a uma, porque elas também são frutos colhidos no jardim suspenso. Braga, na verdade, é um jardineiro das palavras. Um homem que sabe acalentá-las com sabedoria, que as torneia com seus lances de espírito, que as faz crescer até que, enfim, elas são pronunciadas e expulsas do silêncio.

O Urso, tido como sorumbático, detesta é as palavras frouxas, obesas, carregadas de clichês e de oportunismo. Agora o vemos no balcão do Florentino, ao lado de Mauritônio Meira, sorvendo seu uísque. Eis que se aproxima um falastrão. Chama-se Jorge Dória — é homônimo do grande ator —, um sujeito conhecido por seus exageros gestuais, afetos bruscos e manifestações animalescas de carinho. "Lá vem ele", Mauritônio sussurra, sabendo que, no segundo seguinte, Braga irá se encolher e se virar para a parede. Dito e feito: o homem se aproxima e dá um abraço carinhoso, sem dúvida, mas violento no pobre cronista, que se sente afogado. O abraço vem acompanhado de uma palmada viril nas costas. "Fala, mas não bate!", Braga protesta, sem perder tempo. Sentindo que conseguiu um efeito inverso ao seu desejo, o homem, logo que pode, se afasta. Agora é a vez de Braga: "Esse negócio de dizer que o raio é o chicote de Deus é a maior mentira", diz. "Se fosse verdade, um raio já teria caído há muito tempo na cabeça desse Jorge Dória." Quando se aborrece, o Urso é capaz de perder todo o sentido de piedade.

Um paradoxo: o animal silencioso adora ter longas conversas por telefone. Ao que parece, o aparelho o protege. Saber que pode desligar a qualquer momento lhe dá segurança e o estimula a falar. Torna-se um maníaco.

Coleciona, para seu uso pessoal, histórias exemplares sobre a arte de sobreviver. Em 1940, vai fazer uma pescaria com amigos no rio Tibagi, no Paraná, e contrai empaludismo. Para se recuperar, decide passar uma temporada de descanso em Cachoeiro de Itapemirim. A editora José Olympio o convida, então, para traduzir a primeira edição brasileira de *Terra dos homens*, de Saint-Exupéry. Aceita, pois é uma forma de passar o tempo. "Esse livro me ajudou a ficar bom", diz. "Ele me deu mais forças que os remédios que tomei." Mais tarde, indignado com os baixos pagamentos que recebe, Braga desiste da profissão de tradutor.

As incursões eventuais na publicidade também não o satisfazem. Vai a uma exposição do artista plástico Geraldo de Castro. Uma conversa jogada fora revela que Castro foi, muitos anos antes, desenhista da agência Interamericana. Braga, sem assunto, comenta: "Eu já escrevi para essa agência. Vai ver que fizemos algum anúncio juntos." E fizeram. A conversa reativa a memória e logo os dois homens se lembram de que, quando um não conhecia o outro, produziram texto e imagens para uma campanha publicitária do sofá-cama Drago. Alguém lhe lembra que o velho sofá-cama há muito não é mais fabricado. "Acabou mesmo?", pergunta. "Espero que não tenha sido por culpa minha e do Geraldo."

Tem duas experiências bem-sucedidas no mercado editorial. Primeiro, com Fernando Sabino e Walter Acosta, funda, no início dos anos 60, a Editora do Autor. A casa tem um sucesso comercial que vai além das expectativas, passa a produzir muita burocracia e papelada e os sócios recuam. Depois, com Fernando Sabino e Otto Lara Resende, funda em 1967 a editora Sabiá, que se transforma em um selo de prestígio na história editorial brasileira e sobrevive até 1971, quando é vendida para a José Olympio.

Tem uma relação pragmática com o dinheiro. Uma breve história, relatada por Armando Nogueira, é exemplar. Armando lhe telefona, pedindo que participe de u a vaquinha para organizar uma festa em homenagem a César Thedim, ex-marido de Tônia Carrero. "Cada um entra com cinquenta mil cruzeiros", diz. Braga, moído por ciúmes, é absolutamente sincero: "Só sou amigo do Thedim até vinte mil." E simplesmente se recusa a colaborar.

SOLIDÃO

Gosta de ficar sozinho entre suas flores e seus pássaros. Ergue-se da rede. Caminha em passos pesados pela cobertura, escoltando os beija-flores, fazendo o inventário das flores, vigiando a maturidade dos frutos. Aquele homem imenso, barba por fazer, queixo quadrado, a cara de cachorro e o corpo desajeitado, conversa com árvores e pássaros com uma delicadeza impensável. "Eu tenho uma solidão muito cheia", define. "Às vezes, me sinto mais sozinho quando estou acompanhado."

SONAMBULISMO

Braga julga sofrer de um tipo leve e quase inofensivo de sonambulismo. Uma noite, encontra-se, repentinamente, sentado a um canto de um bar de Ipanema. "Mas eu estava dormindo...", pensa. Olha-se no espelho e vê que tem os cabelos desgrenhados e a camisa para fora das calças. Vai ao banheiro, recompõe-se. Pede um uísque. Os rapazes da mesa ao lado comentam qualquer coisa, como se ele já estivesse ali há muito tempo e participasse da conversa. Dá respostas vagas, sem entender o assunto. Toma sua dose e se vai. A situação se repete. Uma vez, se descobre passeando, às quatro da manhã, pela praia de Ipanema. De outra, se vê dentro de um táxi, já depois da meia-noite, indo rumo ao Centro. Comenta sobre seu mal, certa vez, com um amigo médico. "Você já correu riscos?", o doutor pergunta. "Não que eu saiba. Sempre me encontro em situações de absoluto controle." O médico dá seu diagnóstico: "Então aproveite. Assim a vida tem mais surpresas."

SONHOS

O sonho do Urso Deitado é ter um pé de caju em sua cobertura. O amigo Joel Silveira, sergipano, lhe traz sempre cajus e mangas rosas de Aracaju. Braga paga com aipim e pitangas que colhe em sua cobertura. "Ainda vou ter um cajueiro", diz. Mas, sempre que a árvore começa a crescer, tem que ser sacrificada por causa do tamanho das raízes. "Um dia, deixo as raízes saírem pelo teto da sala do vizinho de baixo", ameaça. Jamais desiste.

Outro velho sonho de Braga é comprar um barco com motor e vela e viajar sozinho pela costa brasileira. Sonha acordado. Para sobreviver, ele venderia banana, ou compraria fumo de rolo. Talvez assim pudesse escrever o livro mais simples de sua vida. E praticaria o bem. Entraria pelos rios levando medicamentos, comida, instrumentos de emergência, movido apenas pelo desejo de ajudar os outros.

Sonha, também, em viajar pelo Brasil a cavalo, ir subindo e descendo montanhas, tomando o café simples dos colonos, uma cachacinha de vez em quando. Assim, pensa, poderia se convencer de que o Brasil ainda tem safras e estações, vazantes e piracemas com manjuba frita. "Só assim vou ter certeza de que o Brasil ainda é o Brasil", justifica.

O sonho maior, talvez, é encontrar, em uma dessas viagens, uma mulher simples, natural e perfeita, por quem se apaixonaria e que nada exigisse dele a não ser a grandeza de um amor comum. Então, tomariam juntos banhos de cachoeira e namorariam sob largas pitangueiras, como dois meninos que o tempo esqueceu de endurecer.

O sonho que Braga materializa em sua cobertura de Ipanema está expresso, claramente, na crônica "Receita de casa". Ele sugere que a casa perfeita deve ser um casarão que tenha, no mínimo, um pé de caju, um caramanchão, uma sala de visitas rigorosamente fechada e um sótão precariamente iluminado. Tenta transportá-lo, um dia, para o topo de um prédio de apartamentos.

SONO

A fama de dorminhoco é desmentida pelas muitas noites que atravessa trabalhando. O segredo é simples: Braga não gosta de sonos contínuos. Prefere dar uma série de pequenas cochiladas ao longo do dia e se guarda assim para a noite silenciosa, quando então pode escrever sem interrupção. O Urso é capaz de dormir em qualquer lugar. Tem a fama de ser capaz de dormir até em pé. Certa madrugada, Millôr Fernandes o encontra dormindo em uma mesa do Sacha's.

A muito custo, consegue arrancá-lo de seus pesadelos. "O que você quer?", Braga pergunta, atolado em seu insuportável mau humor. "Vê se acorda", Millôr diz, sem se intimidar. "Vai pelo menos dormir no Maxim's, que é mais barato."

Um acaso quase o transforma em ator de teatro. Vai à casa de Tônia Carrero, que recebe naquele momento as visitas de Paulo Autran, Karin Rodrigues e Sílvia Bandeira. O grupo discute a montagem de um novo espetáculo. Bebem. O elenco precisa de um ator que faça uma pequena ponta, absolutamente insignificante. O escolhido não precisará dizer mais do que duas frases. Inspirado pelo álcool, Braga aceita o papel.

Autran logo se empolga e começa a explicar a rotina dos ensaios. Há um horário rígido para a chegada, um tempo correto para a maquiagem e a meditação antes da cena. Em algumas noites, é bom saber, o elenco oferece duas sessões seguidas. O Urso começa a se inquietar. É provável que a peça fique em cartaz pelo menos por seis meses. Horroriza-se. Apesar de todos os argumentos dos amigos, toma coragem e volta atrás. Retorna à cobertura satisfeito com a liberdade de horários e a privacidade que soube, a muito custo, preservar.

TÉDIO

O Urso Deitado é um homem de grandes suspiros. "Você é o único brasileiro que sofre da 'noia' italiana", Joel Silveira gosta de dizer. Suas manifestações de fastio diante da vida não chegam a incomodar os amigos. Não é homem de se lamentar. Suas lamúrias são quase mudas, imperceptíveis para o espectador inexperiente, vagos gemidos da alma que apenas os amigos mais próximos podem detectar. Para os outros, esses suspiros se parecem com manifestações de mau humor, de antipatia, e até de grosseria. Braga tira grandes vantagens disso, já que o temperamento difícil, se lhe traz prejuízos, ao menos serve para purificar o mundo a seu redor.

Quieto, quase imobilizado, o Urso é capaz de passar horas a fio diante de seu aparelho de televisão. Gosta de assistir a partidas de futebol. Concentra-se no que vê, mas, vez por outra, destila alguma opinião judiciosa sobre algum jogador. Tem um hábito, no mínimo, estranho: gosta de assistir às telenovelas sem o som. Fica ali, na sala de sua cobertura, hipnotizado pelas imagens que desfilam, desconexas, pela tela. Encontra nelas uma coerência própria, que independe das palavras. É um amante das imagens puras, da tevê em sua particularidade máxima: a máquina de imagens. Algumas vezes, os amigos o repreendem por essa esquisitice. "Está ficando doido?", alguém pergunta. "Assim eu posso me concentrar melhor na beleza das mulheres", diz. "E não preciso me distrair com o que elas dizem." Uma das alegrias de Braga é também assistir a telejornais sem o som. Pode perder-se, assim, sem que a tragédia das notícias o atrapalhe, nas figuras de suas telemusas: Márcia Peltier, Valéria Monteiro, Leila Richers.

Tem uma incapacidade atávica para lidar com aparelhos elétricos. Transforma, então, seu amigo Paulo Garcez em técnico de tevê. Muitas vezes, em alta noite, telefona para o fotógrafo em busca de socorro. "Preciso de teus serviços especializados", diz. "Minha TV pifou." O amigo, paciente, comparece. Encontra o Urso irado, rondando em torno do aparelho como um selvagem em volta de sua fogueira. "A TV Globo não está pegando", reclama enfurecido, como se estivesse diante de uma desforra pessoal. "Não posso ver minha novela." Garcez não precisa se esforçar. "Mas é claro", comenta, um tanto desesperançado. "Como pode o canal 4 pegar no 5?" A cena, patética e com pequenas variações, se repete uma infinidade de vezes. A paciência de Paulo Garcez é inesgotável.

O destino o leva a ter uma relação profissional com aquele aparelho diabólico. Armando Nogueira leva o cronista, em 1975, para trabalhar na TV Globo. Tem a ideia de usar Braga como um catalisador de vocações secretas para a palavra escrita, que no ambiente diáfano da tevê certamente não podem florescer. Quer também melhorar a qualidade — sempre sofrível — dos textos produzidos pelo telejornalismo. Nesse espírito de reconciliação da imagem com a palavra, a TV Globo contrata, em uma só tacada, o poeta Thiago de Mello e o cronista Rubem Braga.

"Tive, então, a melancolia de perceber que aqueles apóstolos da imagem, nem mesmo diante deles, conseguiram se interessar pela palavra escrita", Armando comenta longo tempo depois. Forma-se na emissora, é verdade, um pequeno grupo de jornalistas que se deixa tocar pela sedução da palavra. A participante mais entusiasmada é a jornalista Tereza Valcácer, na época uma das diretoras do telejornal *Hoje*.

Braga passa a fazer textos para o *Hoje*. Irrita-se, porém, com a lentidão dos pedidos e com os longos espaços de tempo durante os quais não tem o que fazer. Nessas horas, sente-se prisioneiro da emissora. Procura, então, distrações. Quando termina o trabalho do dia, tem dois destinos certos: ou vai à sala de Otto Lara Resende, no décimo andar, ou à de Armando Nogueira, no oitavo. É, mesmo com os amigos do dia a dia, um bicho arredio. Entra em silêncio, senta-se a um canto, quase não fala. Certa tarde, na sala de Armando, faz uma estranha ronda. Resmunga, faz comentários dispersos, não vai embora. "O que está havendo?", Armando percebe. Braga é direto: "Será que você me consegue uma passagem de avião para Vitória? Preciso ir até Cachoeiro do Itapemirim." Armando, que temia por algo mais sério, se alivia. E aproveita a chance para protestar: "E você precisa ficar tão cheio de rodeios para uma coisa tão simples?", pergunta, quase aborrecido. O Urso não perde a pose. Encara o amigo e diz: "Então, se é tão fácil, dá para ter uma escala em Paris?" Nessas horas, Armando olha para o amigo e vê Bernard Shaw ou, ao menos, sua célebre presença de espírito.

Fim de tarde. Braga entra ofegante na sala de Armando Nogueira. "O que aconteceu?", o amigo se espanta. O cronista é, como sempre, conciso: "Eu estava subindo e vi o Roberto Marinho no *hall* dos elevadores", descreve. Armando não pode entender e pede mais detalhes: "Você falou com ele?" Braga é direto: "Eu não. Preferi me esconder atrás de uma pilastra." Armando agora se irrita. "E por que diabos você fez isso?" O Urso é sincero: "Se ele me visse, poderia me demitir." A explicação não faz nenhum sentido, mas Armando percebe que o amigo está realmente assustado. Tenta aliviá-lo: "Para ele te demitir, terá que passar por cima de meu cadáver", exagera. Braga comenta sem nenhum espanto: "Mas passam."

Certa vez, Roberto Marinho, no intervalo de uma reunião de rotina, pergunta a Armando Nogueira: "O que o Rubem Braga faz na Globo?" Ouve uma resposta precisa: "Dá lições de língua, ensina o pessoal a escrever e escreve." O empresário se surpreende com a disposição do cronista.

Os momentos de intimidade máxima que o cronista tem com a tevê são mesmo em casa, estirado em uma poltrona, assistindo à *Discoteca do Chacrinha* — o olhar grudado, em particular, no rebolado das horrorosas chacretes.

Mas, se aprende a amar a televisão, o Urso tem verdadeiro pânico de comparecer aos estúdios para debates e entrevistas. O telefone toca. É um convite para um programa literário que vai ao ar em uma emissora pequena e em horário improvável. "Não quero ir", diz. O interlocutor argumenta: "É um programa sério. Não vai decepcioná-lo." Braga, porém, insiste. "Eu falo mal, às vezes nem eu mesmo entendo", justifica-se. Novas ponderações, mas ele não se dá por vencido: "Falando assim, e com a minha cara, vão achar que eu sou um débil mental", diz. O interlocutor não se cansa, mas Braga sim: "E, além de tudo, é de graça. Vocês não pagam para a gente falar", desfere o argumento definitivo.

A dicção do cronista, de fato, é péssima. Além do mais, tem uma voz cavernosa, rouca como a de um homem fraco que não é, gutural e arrastada — prenúncio sutil do câncer na garganta que o matará? Os amigos o aconselham a fazer um curso de dicção, ou empostação de voz. Ele se recusa. "Isso é coisa de político e de madame", rebate. A voz pastosa e acre aumenta, em Braga, a aparência de impaciente e mal-educado. Agrava a sensação de desleixo, desinteresse e desconfiança. Não, ele sabe que a televisão não pode traduzi-lo, e por isso se recusa a aceitar convites para os estúdios. Está certo.

Prefere a expressão espanhola *televidentes* à nossa esquisita *telespectadores*. A denominação espanhola, pensa, tem algo de espírita e descreve melhor o milagre inexplicável que se passa na televisão. As imagens, com essa palavra espanhola, não perdem seu aspecto de possessão, e não deixam de se referir à força desconhecida que nos faz trocar de canal obsessivamente e nos impede de desligar o maldito aparelho.

Não perde uma só edição do programa *Inglês com música*, apresentado ao fim das manhãs, com repetição no meio da tarde, pela TV Educativa. Abaixa também o volume do aparelho, pois seu interesse não é pela língua inglesa, mas sim — como um menino travesso — pela professora. Basta-lhe a imagem sedutora de Márcia Krengiel, metida em calças colantes e sempre ostentando ousados decotes. Mas, volta e meia, aumenta o volume, pois quer também se deliciar com a voz abaritonada da professora de inglês.

TEMPERAMENTO

A ideia de um urso, quando se trata de Rubem Braga, não poderia ser mais perfeita. É um ser contemplativo, que se arrasta pelas horas com lentidão, como se a vida fosse um peso — uma imensa pança peluda — absolutamente trivial. Quando moço, Braga é agitado, febril, participativo. Agora, no topo de sua cobertura, ele se torna um doce e amargo (imensa contradição que também pode defini-lo) observador da vida. É um homem contido, recatado e, mais que tudo, não expressivo. "Ele se exprime para dentro", diz Vinicius um dia. "Parece estar sempre virado pelo avesso."

Braga não é uma pessoa interessante, dessas que distribuem charme e magnetizam ambientes — e sabe disso. Ao contrário, não se esforça para cativar ninguém. É, por definição, um homem sem pose. Mas, aos amigos íntimos, entrega o tesouro de sua privacidade. Logo após sua morte, em dezembro de 1990, Armando Nogueira dirá: "Eu tinha duas referências na vida: Otto Lara Resende e Rubem Braga. Com o Otto aprendi a arte de conviver. Com o Rubem, aprendi a arte de viver." A reflexão, para nossos propósitos, é preciosa. Com ele, não há mesmo muito o que aprender a respeito da arte da convivência. Braga, mesmo quando cercado de mulheres e amigos, parece estar sempre sozinho. É um homem misterioso e a idade aprofunda ainda mais esse mistério. Não parece nascido para conviver, mas apenas para viver.

TRAGÉDIA

Olhemos nosso Urso mais de perto. Uma coisa está subentendida em tudo o que ele escreve: a tragédia. A vida, para Braga, é regida por intenções funestas e desemboca quase sempre em acontecimentos até banais, mas fatais. Sabe surpreender-se, em particular, com a tragédia da banalidade. "O escritor deve agir como o psicanalista", diz certa vez. "Tem que ser capaz de revelar a tragédia grega que existe na alma de qualquer funcionário público." Agora podemos entender melhor os grandes silêncios de Braga. São os momentos em que ele se defronta com o inevitável.

TRANSE

Fios se espalham por todos os lados. Luzes. Homens e mulheres circulam aos gritos. Em um banheiro, a atriz Glauce Rocha se submete ao ritual da maquiagem. A voz sonora de Paulo Autran ecoa pela varanda. Um homem magro, agitado, rege o caos. Ele se chama Glauber Rocha e invade a cobertura com sua trupe para filmar uma parte do célebre *Terra em transe*.

TRANSPARÊNCIA

Não gosta de concessões. Reclama com frequência do amigo Joel Silveira, por julgar que ele engole sapos em demasia. "Você faz muita média", diz. "É educado demais." Braga, nos momentos de fúria, se diz adepto das palavras frontais. Acha que as coisas devem ser ditas sempre claramente, sem maiores cuidados, independente do choque que possa causar no interlocutor. Defende as ideias sempre expostas às claras e odeia ser obrigado a se desmentir. Repreende os amigos, quando eles lhe confidenciam mentiras. "Para que mentir e depois ser obrigado a se corrigir?", pergunta. Por isso, não suporta confidências. Acha que elas correm sempre o risco da falsificação. "O que não é dito não precisa ser piorado pela mentira", filosofa. "Só mente quem fala muito. Eu prefiro ficar calado."

Duas coisas não faltam na cobertura: uísque de qualidade e gelo. São esses os dois elementos — os únicos — em sua arte de receber bem. Não gosta de festas, nem de formalidades. Os convites que faz aos amigos são sempre indiretos.

Certa vez, sem poder beber por ordens médicas, o Urso confessa a Antônio Callado: "Cinquenta por cento da falta que sinto do uísque é do prazer que ele me dá de falar com gente com quem, de outra forma, jamais falaria." O álcool o ajuda a enfrentar a timidez. E a suportar a vida. Mas bebe sempre de forma cavalheiresca. No meio da primeira dose, à moda de seu amigo Vinicius de Moraes, acrescenta novos cubos de gelo ao copo. Para Braga, a arte de beber inclui, sempre, a sobriedade.

Braga acredita na sorte. Nem o temperamento realista o desestimula. Desliza, mais uma vez, nos vãos da memória. Nos anos 30, morando em uma pensão do Catete, no Rio, tem o hábito saudável de passar trotes em seus colegas de quarto. Uma das brincadeiras de maior sucesso é o trote telefônico. Braga vai ao bar da esquina e liga para a pensão. Chama sua vítima. Quando o infeliz atende e pergunta quem é, ouve a resposta: "É o sujeito que quer lhe dar quinhentos mil-réis." Tolices de menino.

A brincadeira é ingênua, não passa de uma utopia de crianças barbadas, mas um dia se realiza. O telefone toca. Chamam Rubem Braga. Do outro lado da linha está Antônio Olinto Gonçalves, um velho amigo dos tempos de Cachoeiro de Itapemirim. O que diz é inacreditável: recebeu um bom dinheiro de herança, lembrou-se do companheiro de infância e quer presenteá-lo com quinhentos mil-réis. Dessa vez, é tudo verdade. Braga, aproveitando-se da sorte, combina um encontro com o pequeno milionário na porta da pensão. Dá um jeito para que todos os amigos mais chegados estejam com ele, à hora marcada, no portão. O convidado chega e Braga recebe o dinheiro. A utopia se materializa. A piada acaba, deixa de ser piada, porque se transforma em esperança.

Lendo sobre o Rio Antigo, o cronista descobre que a faixa de terra entre o oceano e as montanhas onde se ergue hoje o bairro de Copacabana foi, no passado, uma região tomada por cajueiros e pitangueiras, árvores típicas dos grandes areais. Lembra-se que, recentemente, alguém lhe disse que um último cajueiro sobrevive no bairro, nos fundos do terreno de uma velha casa da Barata Ribeiro, espremido entre os muros de dois edifícios. Braga constrói, então, o devaneio de uma Copacabana tomada por cajueiros, pitangueiras e mamoeiros. Os frutos cairiam pelas calçadas, se partiriam sobre os capôs dos automóveis e se derramariam — doces e fartos — sobre os penteados dos transeuntes desprevenidos. Os cariocas iriam para as ruas de Copacabana colher frutas. As quitandas e mercearias ficariam às moscas, com as prateleiras vazias. Não pode imaginar um bairro mais próximo da perfeição.

VAIDADES

Há uma cisão na noite do Leblon: um grupo de aproximadamente quinze amigos, que há muitos anos frequenta o Antonio's, muda-se de armas e bagagens para o Florentino. O Urso, nas vezes em que abandona as muralhas protetoras de sua cobertura, movimenta-se com desenvoltura pelos dois bares. Sua noite não tem fronteiras. Estamos, agora, no Florentino. O amigo Cláudio Melo e Sousa chega em plena madrugada e fica muito feliz de encontrar o cronista. Aproxima-se e, sem conter o entusiasmo, lhe afaga o rosto. Braga, o duro, se irrita. "Não gosto que mexam na minha cara", reclama, em alto e bom som. É um sinal, indisfarçável, de machismo e vaidade, que o levam a detestar os exageros no afeto. Melo e Sousa empolgou-se em demasia com o calor da amizade e agora recebe o troco. A vaidade, o Urso sabe, é seu limite.

157

VELHICE

Prefere não pensar na velhice. Nem lutar muito contra ela. "Nada de alongamentos, ou malhações. Seja delicado consigo mesmo", aconselha aos mais idosos. Em momento de bom humor, faz uma adaptação musical e compõe "The old man from Ipanema". A letra começa assim: "Olha que coisa mais triste/ Coisa mais sem graça/ É esse velhote que vem e que passa/ No passo cansado,/ Caminho do bar." Claro, o velhote é ele mesmo.

Vai ao dicionário ver o significado preciso da palavra "achaque", que está sempre associada à velhice, e encontra as definições que se seguem: "Disposição mórbida habitual, ainda que fraca"; "Doença ou mal-estar sem gravidade, em geral recorrente"; "Doença sem gravidade que se torna habitual". Acha que os velhos devem se preocupar com um achaque por vez, único recurso que lhes resta para não enlouquecer. Não é a senilidade que mata, mas suas manias.

VERDADE

O Urso tem uma religião: a verdade. Diante da mentira, ou da verdade faju-
ta, ele faz sempre uma expressão de nojo, como se elas o atingissem fisicamente,
como um soco violento. O cronista prefere a limpidez, as palavras poucas e
claras, a exatidão. Não suporta as meias-verdades, as falsificações e os engodos.
Sente-se enojado.

VIAGENS

Um de seus companheiros mais assíduos de aventuras é o jornalista
Mauritônio Meira. Vão a Paris, Nova Orleans, retornam ao Marrocos. As viagens inundam o cronista de bom humor. No Marrocos, não se cansa de chamar
Mauritônio de "agente da Frente Polisaro", grupo de guerrilheiros da
Mauritânia que trava longa luta no deserto. "Já lhe disse que Mauritônio não
tem nada a ver com Mauritânia", o amigo protesta. Mas Braga sabe converter a
rabugice em método de fazer rir. "Pode não ter nada a ver, mas no mínimo é o
masculino", insiste.

Durante as viagens, gosta de fotografar. Sua coleção de fotografias mostra
uma obsessão: Volubilis, única cidade romana na África, a 10km de Mulaidris,
que foi destruída pelo mesmo terremoto que atingiu Lisboa, e redescoberta em
meados desse século. Nos anos 60, faz também muitas viagens de carro pelo
interior do Brasil, quase sempre acompanhado por Joel Silveira. O amigo diz
que Braga está em sua "fase do andarilho", o que é pura força de expressão, já
que o cronista está inteiramente acomodado às facilidades trazidas por um
automóvel preto e um motorista, de alma inglesa e corpo africano, chamado
Cosme — que cumpre, também, as funções de mordomo. Braga prefere falar
em sua "fase itinerante", expressão bem mais próxima da verdade. Os dois amigos vão juntos a Brasília, Belo Horizonte, Ribeirão Preto, São Paulo. O Urso faz
uma devassa no Brasil. Mas logo enjoa.

Seu gosto pelas viagens adquire estranhas proporções. Em 1988, por exemplo, é convidado para os cinco dias anuais da Sul América Seguros, no

Mediterranée, de Rio das Pedras, em Mangaratiba. Joel tenta demovê-lo: "Você não vai suportar", diz. "Que graça pode ter passar cinco dias em um clube habitado por trezentos executivos?" Não se deixa comover pelos argumentos do amigo. Volta da viagem encantado. "E os executivos?", alguém pergunta. "Não vi ninguém", diz. "Só olhei para mim mesmo." Quando amigos decidem indicá-lo para um cargo na TV Globo, sacam de um argumento que lhes parece irrecusável: as viagens que terá a chance de fazer. Mas o Urso já não se empolga. Gosta de viajar, mas agora a preguiça já é maior que o prazer.

VIDA

Uma revista frívola lhe pede uma lista das dez coisas que realmente valem a pena na vida. Braga enumera: 1- certas comidas da infância: aipim cozido, ainda quente, com melado de cana, por exemplo; 2- sair pela primeira vez pelas ruas de uma cidade estranha; 3- receber uma bolada imprevista no meio da rua e responder com um chute perfeito; 4- ler, pela primeira vez, um bom poema; 5- ou uma bela prosa; 6- o momento em que um grande amor vira uma grande amizade, e aquele em que uma grande amizade vira um grande amor; 7- desapaixonar-se por uma mulher que apenas lhe causa aflição; 8- viajar; 9- voltar; 10- para um europeu, voltar para Paris; para um brasileiro, voltar para o Rio de Janeiro. Seu perfil está traçado.

O senhor da hora

Debruçado na murada de sua varanda, o Urso assiste ao pôr do sol. A noite começa. De repente, as luzes da cidade se acendem. Braga, um capitão diligente, aproveita para vigiar os objetos de seu oceano. As ilhas Cagarras, agora diluídas na escuridão, permanecem imóveis e tristes em seu lugar. As ondas, indiferentes à noite, se movimentam com determinação. A natureza continua a funcionar. Voltando-se para o outro lado, ele vê Ipanema pontuada pelos faróis dos automóveis, que riscam o negrume das ruas com seu trançado barroco. Uma lembrança lhe vem: a de uma certa noite em Livorno, ainda durante a guerra. O alarme antiaéreo soa. As trevas engolem a cidade e os canhões vomitam seus fogos. Pode-se sentir, em meio à fumaça, o cheiro nojento de sangue. No meio da cerração, o jovem Braga vê um casal de namorados que, indiferente à batalha, se enlaça para aliviar o medo. Quisera ele, agora, fazer o mesmo. O cronista, porém, está sozinho. Fica ouvindo o murmúrio do vento. "É a música de Deus", pensa. Deus, de fato, o ronda, e esse é um sentimento incômodo para um agnóstico.

Braga começa a preparar a sua morte. Eutanásia: eis uma palavra perigosa, que nem mesmo os amigos mais íntimos ousam pronunciar. O *Aurélio* é preciso: "Prática, sem amparo legal, pela qual se busca abreviar, sem dor ou sofrimento, a vida de um doente reconhecidamente incurável." Essa é a definição corrente. Mas, antes dela, o dicionário apresenta outra, mais sucinta, menos comum e mais radical: "Morte serena, sem sofrimento." Nessa segunda definição, indiferente às questões legais, morais ou religiosas, apenas um aspecto importa: a qualidade da morte. "Serena, sem sofrimento" — eis, em síntese, a morte que o Urso começa a buscar.

Precisamos, primeiro, visitar os antecedentes. O Urso se aproxima muito, no fim da vida, de seu amigo Edvaldo Pacote. Desde que vai trabalhar na TV Globo, Pacote se torna sua companhia mais assídua. Às vezes, Braga telefona no meio da tarde. "Venha jantar hoje comigo", sugere. Pacote vai, muitas vezes acompanhado do programador gráfico e professor de desenho industrial Goelbel Weyn, mais conhecido como "Ceará", uma homenagem ao estado em que nasceu. Passam a noite tomando uísque. Às vezes, na madrugada, Goelbel — para não desmentir a ideia de um jantar — vai à cozinha do grande Urso e prepara uma sopa instantânea. Aquele caldo aguado e com gosto de nada basta para selar a amizade que os une.

Outras vezes, os três amigos vão almoçar juntos no Albamar, na Praça XV, ou no restaurante do aeroporto Santos Dumond, que é um dos preferidos de Braga por uma razão simples: não costuma ser frequentado por crianças. Só deseja uma coisa: paz. Andam pelo centro da cidade, vão ao Museu de Belas-Artes, percorrem os becos do Rio Antigo. Falam sem parar, quase nunca de literatura. Falam da cidade amada, dos lugares que estão desaparecendo, dos velhos prédios agonizantes, da sujeira que toma conta das avenidas. Vagabundeiam, como bons animais sem destino.

O sábio Braga prefere sempre os amigos desinibidos, que o deixam na posição reconfortante de ouvinte silencioso. Por isso, provavelmente, se ligou tanto a intelectuais doces e falastrões como Otto Lara Resende e Fernando Sabino. Braga e Pacote, porém, se parecem. Conversam, muitas vezes, através de longos silêncios. Algumas tardes, o Urso entra no gabinete do amigo, na TV Globo, e pergunta: "Tudo bem?" Sem esperar a resposta, pega um jornal e se aboleta no sofá. Antes de sair, se limita a dizer: "Até mais tarde." Por muitos e muitos dias, essas são as únicas frases que o paciente Pacote ouve do grande Urso.

Não poderia haver testemunha mais adequada para um momento tão difícil. O Urso sabe que vai morrer. Quando, em maio de 1990, recebe o diagnóstico de um câncer na laringe, que se espalha pela faringe e pela garganta, seu primeiro impulso é telefonar para Otto Lara Resende. "Se eu tivesse um revólver, eu ia pedir para você me matar", desabafa. Otto sabe que não deve tomar seu desejo ao pé da letra. É apenas a tristeza que, sem encontrar forma melhor de se expressar, se torna um rompante. O Urso é o antissuicida por excelência. Saboreia a vida, sempre, com a máxima delicadeza, mas também com voracidade, sem nada desperdiçar. E não é dado a tragédias. Realista, tira a beleza daquilo que a vida tem de mais simples. Não precisa dos rufos do heroísmo.

O diagnóstico fatal o abate, mas Braga ainda deseja a vida, ou o que dela ainda puder reter. Primeiro, como um jornalista investigativo, vai apurar as consequências da doença: em quanto tempo perderá a voz, com que rapidez o mal se alastrará por outras partes do corpo, a partir de quando as dores mais atrozes começarão. Quer conhecer todos os detalhes de seu futuro. A partir de que momento terá que se submeter a tratamentos desumanos. E a partir de que ponto será obrigado a instalar uma prótese na garganta para continuar a falar.

Não quer mentiras. Não quer que lhe adocicem a desgraça. E, sobretudo, não está disposto a aceitar condições humilhantes. Também não deseja passar por nenhum sofrimento inútil. Toma, de saída, uma decisão: não quer se submeter a nenhum tipo de cirurgia, e nem mesmo a quimioterapias. Quer ter sua morte inteira, ou não a sentirá como sua. O empresário Roberto Marinho se oferece para pagar uma viagem e uma cirurgia nos Estados Unidos; Braga se recusa a aceitar. Os amigos, julgando que assim será mais fácil, prometem se cotizar. Não aceita. Seu único desejo é que a medicina lhe deixe sempre à mão uma injeção analgésica, algum comprimido mágico, que possa usar nos momentos de dor aguda. Braga encara o saber médico, desde o início, como um simples produtor de paliativos. Não deseja usá-lo como um instrumento de protelação. Não deseja adiar nada, quer a morte natural e inteira, como um fruto amargo de sua cobertura.

Quando Roberto Marinho manda mais um recado oferecendo a cirurgia, ele, depois de agradecer, diz ao emissário: "E eu lá quero sobrevida? E isso lá me interessa?" Como um professor dedicado, põe-se a estudar sua doença, pois deseja dominar a cadeia das consequências: perda gradativa da voz, dificuldades para engolir alimentos, interferências no controle motor, dores crescentes. Nada disso se parece com um futuro. Braga decide, então, que prefere morrer a passar por dores, privações e vexames. Quer que a morte venha em seu próprio ritmo, sem aparelhos deprimentes, sem sessões dolorosas de terapias inúteis, sem as grandes alegorias com que a medicina costuma adornar a despedida. Mais uma vez, ele manifesta seu espírito antibarroco. Seu ódio ao supérfluo.

O Urso, de alguma forma delicada e imperceptível, deseja a morte. "A impressão que dá é que o Braga quer morrer", dirá, aos mais próximos, o amigo Armando Nogueira. A observação de Armando faz sentido. Há, de imediato, um certo relaxamento físico, uma contração da vaidade, um desleixo excessivo. Braga sempre foi um homem extremamente guloso, mas acostumado também a delimitar esses impulsos com ásperas fronteiras. Agora, não: ele se deixa vencer pela gula. Engorda, torna-se obeso e pesadão, entrega-se. Já não se cuida.

Braga não tem um pedaço de um dos pulmões, retirado vinte anos antes no tratamento de um tumor benigno. Seu organismo, embora forte, apresenta flancos abertos para que a doença progrida. Decide, então, se recolher. Restringe, desde logo, o círculo de amigos que frequentam sua cobertura. Otto Lara Resende, Lila Boscoli, Rita Luz são alguns dos poucos privilegiados que ainda podem chegar sem avisar. Lila, ao saber do diagnóstico de câncer, fica arrasada e, às vezes, não consegue conter o choro. É o Urso quem a consola. "Sabe esse negócio de 'Fantástico, o *show* da vida'?", ele pergunta. "Pois eu não acho o *show* da vida tão fantástico assim. Não vou perder grande coisa."

Otto age, por sua vez, como enfermeiro: diligente, delicado, atencioso. Cerca o amigo de cuidados. Braga se irrita. "Você que sempre foi contra os efeminados, agora deu para me tratar como se fosse um deles?", desabafa. O desaforo não ameaça Otto, que continua a seu lado apesar do humor azedo e dos comentários desestimulantes.

Braga não quer piedade. Não quer, também, criar problemas para os outros. Começa a tratar, então, do espetáculo da morte e se esmera para que ele venha a ser o menos espetaculoso possível. Decide, logo, que deseja ser cremado, e não enterrado. Já em 1987, em nota despretenciosa em sua coluna da *Revista*

Nacional, Braga exalta as qualidades e a assepsia do crematório da Vila Alpina, em São Paulo e lamenta que pressões obscuras, vindas de entidades religiosas, impeçam a construção de uma instituição semelhante no Rio de Janeiro. Sugere, até, aos proprietários do crematório paulista que procurem facilitar a viagem final dos defuntos cariocas, criando "pacotes" nos moldes dos oferecidos pelas agências de turismo, que incluam o traslado do corpo, a cerimônia simples e inevitável e a posterior devolução das cinzas. O "pacote" mortuário não deve esquecer ainda, acrescenta, de oferecer todo o conforto aos acompanhantes do cadáver. E se declara, desde logo, um candidato à cremação. Por vaidade, não quer ser visto depois de morto. Também não quer ser velado, por julgar essas cerimônias de despedida desagradáveis, massacrantes e desnecessárias. "Tenho medo também de ser enterrado vivo", confessa certa vez, na intimidade. E, sem perder o humor negro, arremata: "Eu morreria de susto."

Um dia, a doença ainda sob controle, o Urso resolve tomar sozinho um avião para São Paulo, para visitar Vila Alpina. Comenta sua ideia com Pacote. "Será que o Roberto Marinho não me arranja uma passagem?, pergunta, displicentemente. E completa, com ironia: "Diga a ele que sairá barato. É só de ida." Nem a morte tem o poder de lhe roubar o humor. Viaja. Hospeda-se no Eldorado Higienópolis, janta bem, toma um bom vinho e vai dormir. Na manhã seguinte, bem cedo, é o primeiro a chegar ao balcão de atendimento do crematório. Para começar, e como se estivesse na banca de uma butique, faz uma série de perguntas específicas sobre o ritual de cremação. "É alguma pesquisa?", a atendente pergunta. Braga age como se fosse se submeter a uma prova de seleção. Tudo esclarecido, faz a encomenda de uma cremação, acerta as condições, ainda pechincha um pouco, e paga à vista. A moça do balcão, então, pergunta: "Onde está o cadáver?" Sem nenhum constrangimento, ou desejo de chocar, responde: "O cadáver sou eu."

Quando retorna ao Rio de Janeiro, registra todas as decisões de despedida em cartório. Não quer ser traído nem pelo desconhecimento, nem pelo esquecimento. Uma divisão fica estabelecida: os bens materiais se destinam todos para o filho Roberto, entre eles incluída a cobertura de Ipanema; a organização de seus funerais — o cargo de "diretor de morte", como chega a brincar, em requinte de sangue-frio — fica para seu amigo Edvaldo Pacote. "Não era frieza", reflete depois o amigo Paulo Bertazzi. "Braga, apenas, não queria incomodar os outros e também não queria mal-entendidos." Faz uma lista de visitas que deseja fazer enquanto ainda é dono de seus movimentos. Age com absoluta lucidez e quer ter a certeza de que tem a morte sob controle. O Urso, com sua placidez, consegue transformá-la em um acontecimento frio e banal. Algo até desprezível.

Braga sempre teve uma relação prática com a morte, mesmo com a morte dos outros. Quando perde um inimigo, e eles não são poucos, não suporta ouvir alguém comentar: "Que pena." Corrige: "Que pena, não." Se o interlocutor protesta, ele o interrompe: "Eu não gostava dele quando estava vivo, por que vou gostar depois de morto?" Braga, nessas horas, leva a franqueza a seu limite. Ela se transforma, quase, numa forma de maldade.

O período mais longo de hospitalização a que se submete é de apenas uma semana. Passa a maior parte do tempo em casa, sustentando a rotina e tentando esquecer a doença. Certa manhã de dezembro, às vésperas do Natal, o Urso não se sente muito bem. Telefona para Edvaldo Pacote na TV Globo e reclama do mal-estar. "Vou pegá-lo daqui a dez minutos", o amigo avisa. Braga não quer ir para o hospital. Pacote consegue, por fim, convencê-lo. O cronista entra no Hospital Samaritano, em Botafogo, por volta de uma hora da tarde. Entra andando, em passos tranquilos, como se fosse visitar alguém, ou se hospedar para uma temporada de relaxamento. Na portaria, diante do primeiro enfermeiro, diz: "Quero fazer uma consulta rápida e voltar para casa. Só durmo aqui morto." Pacote está mais impaciente que ele: "Que conversa mais chata", resmunga. Braga se limita a sorrir.

Uma semana antes dessa internação, Armando Nogueira vai visitá-lo. Braga está fraco, mas está de pé e circula pela cobertura com a mesma desenvoltura de outros dias. O Urso está agora deitado em sua rede vermelha, e Armando se senta diante dele. Braga, sempre silencioso, estica então o braço e puxa, de dentro de uma cesta de revistas, uma lasca de cristal. "Isto é para você", diz. Entrega o cristal a Armando, que não sabe sequer como segurá-lo. O amigo fica sem reação. Examina a lasca, pergunta-se que utilidade prática ela poderá ter, ou que objeto — uma escultura, um cinzeiro, um aparador? — poderá evocar. Não consegue chegar a nenhuma resposta. "Isso é um presente. É para que você jamais se esqueça de mim", o Urso diz. Armando se recorda então de que já viu essa lasca de cristal amparando alguns livros nas estantes da cobertura. Guarda-a como um amuleto. Desde esse dia, o pequeno talismã está deitado na mesinha de cabeceira de Armando Nogueira.

Da recepção, Braga é conduzido para um consultório. O médico que o atende procura não atemorizá-lo. "O caso não evoluiu", diz. "Você precisa de um pouco de oxigênio para se fortalecer. Depois melhora." Não há indícios de gravidade. Mas o Urso, a essa altura, já está decidido que vai morrer. Quando o médico fala em uma internação de alguns dias para que se fortaleça, repete para si mesmo a frase dita na recepção: "Hoje só durmo aqui morto."

Um dia antes de morrer, o cronista recebe as visitas de Thiago de Mello e Armando Nogueira. Não reclama de dores, não sente debilidades extremas, e afirma estar internado apenas para um tratamento de rotina. "A doença é como uma criança", diz. "Deve ser sempre vigiada de perto." O Urso não quer falar de suas dores, mas sim de literatura. O assunto é um certo escritor mineiro, que ele considera apenas uma vocação duvidosa. Ou, quem sabe, um erro de vocação. "Você acha que podemos chamá-lo de poeta?", Armando pergunta. "Ele não é poeta, ele é apenas poético", Braga faz a distinção, que traz um requinte inesperado para quem está a um passo de morrer.

A morte, para Braga, é um episódio especulativo. É o grande tema — talvez o único digno de reflexão. Depois das visitas, Braga é deixado sozinho no quarto para descansar. A memória, sempre exigente, volta a funcionar. O Urso, de olhos fechados, estirado naquele quarto asséptico, volta a seus tempos de correspondente no *front* da Segunda Guerra. Certo dia, cabe a ele receber a notícia da morte da mãe de Carlos Scliar, que é apenas um soldado perdido no *front*. Decide não dar a notícia ao amigo. "A guerra é a morte e a morte não cabe dentro da morte", explica mais tarde. Talvez se sinta, ele também, um pouco perdido agora em dilema semelhante. Sabe que vai morrer, mas é a vida, ainda, que o interessa. A morte também não cabe dentro da vida. Passa a noite no Hospital Samaritano. No dia seguinte, Rubem Braga morre.

Diante do Urso morto, a atriz Tônia Carrero diz: "O Rubem Braga morreu, acabou a vida intelectual no Rio de Janeiro." Não está, provavelmente, exagerando.

Podemos imaginar, aqui, uma imagem da cobertura nos instantes seguintes à morte do cronista. A brisa marinha sopra o vazio. A rede vermelha se contorce, entregue à força do vento. As folhas de manuscritos, deixados pelo meio, rodopiam pelo chão, enfim livres do jugo do escritor. As flores, as plantas e os pássaros estão entregues, agora, à própria sorte. As conversas à beira da rede, as rodadas de uísque, as risadas comovidas, as longas e improváveis histórias desfiadas pela madrugada não mais se repetirão. Sem o Urso, a caverna se fecha. O mundo intelectual carioca não acaba, mas se torna menor.

Assim que recebe a notícia da morte de Rubem Braga, o escritor Jorge Amado passa um telegrama para seu amigo Edvaldo Pacote que se resume apenas a uma frase paradoxal: "A morte de Rubem Braga é uma lição de vida." Morto, o cronista realiza um velho sonho de desaparecimento, já exposto em uma das frases mais belas que escreveu: "Estou cansado de saber que sou eu mesmo."

Este livro foi impresso na
Markgraph Gráfica e Editora Ltda.
para a
EDITORA JOSÉ OLYMPIO Ltda.
em janeiro de 2013

81º aniversário desta casa de livros fundada em 29.11.1931